Peter Karner

Adam durfte wenigstens noch schwitzen

und andere religiöse Einsichten

Peter Karner

Adam durfte wenigstens noch schwitzen

und andere religiöse Einsichten

LVH

Die Deutsche Bibliothek - CIP-Einheitsaufnahme
Karner, Peter:
Adam durfte wenigstens noch schwitzen und andere religiöse Einsichten / Peter Karner. - Hannover: Luth. Verl.-Haus, 2002
ISBN 3-7859-0870-9

Umschlaggestaltung: DRAG 'N DROP, Hannover
Satz: DRAG 'N DROP, Hannover
Typographie: Gesetzt aus der Stempel Garamond
Druck und Bindung: AALEXX – Das Buch Druck Haus, Großburgwedel
Printed in Germany

Inhalt

Es ist eine Lust, ein Ketzer zu sein

Auf ihre großen Helden waren die Leute schon immer stolz, erst recht auf ihre Glaubenshelden. Denn Glaubenshelden sind erfreulicherweise vielfältig verwendbar: zum Angeben, als Lehrstoff, für Jubiläen, zum Zitieren, als Begründung und als Ausrede. Glaubenshelden dienen einer harmlos-limonadigen Gegenwart gern als Legitimation. Glaubenshelden der Vergangenheit helfen, die Feigheit, Unfähigkeit und Fantasielosigkeit der Gegenwart zu kaschieren. Über diese Art, mit Glaubenshelden zu hantieren, sind schon die Propheten Ezechiel und Jeremia wild geworden: „Menschenkinder, wenn ihr versagt, dann nützt euch kein Noah, Daniel und Hiob, kein Samuel und Mose."

Da heult die Gemeinde auf. Wir lassen uns doch nicht unsern Noah nehmen. Noah, der Mann, der der Sintflut entkommen ist, ein utopischer Realist. Ein Mann, der richtig handeln konnte, weil er die Weltkatastrophe intellektuell bewältigt hat. Und wir – so sagt man – haben „unseren Noah" bewältigt und verinnerlicht. Die Jugendgruppe hat zum Beispiel auf der Wiese ein Boot gebaut und ihm den Namen „Noah" gegeben.

Und „unser" Prophet Daniel, der für Gerechtigkeit eingetreten ist angesichts der Löwengrube? Immerhin hat unser Frauenkreis einen Ausflug in den Tiergarten Schönbrunn gemacht und anschließend Stofflöwen für den Weihnachtsbasar – mit dem Slogan „Daniel in jedes Haus".

Und was ist mit Hiob, dem Mann, der Tabus gebrochen hat und trotzdem ein frommer Mann geblieben ist? Man ist ja schließlich nicht vergeblich ins Gymnasium gegangen und hat seinen „Hiob“ von Josef Roth gelesen. Protestantismus und Bildung haben ja immer schon zusammengehört.

Aber auch „Unser Israel“ war die „Heimat großer Söhne“. Mose etwa, der Widerstandskämpfer im Namen Gottes, der Erfinder des Exodus. Und dieser Mose lebt in uns. Haben sie uns denn noch nie beim Schwärmen über unsere „Exodus-Existenz“ erwischt? Man bleibt zu Hause und bejaht den Exodus. Die Daheimgebliebenen „haben, als hätten sie nicht“! Und „unser“ Samuel, ein Volksführer, der weiß, dass Gott allein der Herr ist, der vor dem Königtum warnt. Warnen – also da sind wir groß. Warnen und Mahnen oder: das Weinerliche am Protestantismus. Wissen Sie übrigens, was „Diaspora“ ist? Eine – vielleicht die – evangelische Ausrede, konstitutiv für „evangelische Identität“.

Heute sagen Ezechiel, Jeremia und Co.: Und wenn ihr Luther, Zwingli und Calvin in eurer Mitte hättet, das nützte euch gar nichts. Ein bisschen dogmatischer „Hoppereiter“ mit Vater Luther gefällig? „Schon Luther sagt …“ Aber! Was hier passiert, ist die „Marzipanisierung“ der Reformatoren. Mozartkugeln, Lutherkugeln, Zwinglikugeln, Calvinkugeln! Oder ohne Bild gesagt: ein Poster mit den 95 Thesen – zur Sicherheit in lateinischer Sprache, damit sie niemand versteht. Eine

Wurstsemmel in einer Buchdruckerei essen, wie Zwinglis Freunde in Zürich. Eine Ansichtskarte vom Reformationsdenkmal in Genf mit Calvin. Und jetzt, bitte, vor „Kaiser und Reich“: Wir stehen vorbehaltlos zu den Forderungen, die unsere Väter im 16. Jahrhundert gestellt haben. Hier stehen wir – wir können nicht anders! Da kommen wohl Propheten und Reformatoren mit einem nassen Fetzen über uns!

Es geht um die Wiederentdeckung der reformatorischen Lust. Heute mokiert man sich gern über den geradezu brünstigen Antikatholizismus früherer Protestanten. Man unterschätze nicht den Lustgewinn, den sie dabei gehabt haben! Man nimmt den Leuten nicht ungestraft einen Lustgewinn und bietet ihnen dafür keinen Ersatz. Es gibt keinen Protestantismus ohne reformatorische Lust. Denn es ist einfach eine Freude, ein „Ketzer“ zu sein; ein Ketzer, der sich vom Wort Gottes ernährt. Man hört die Evangelischen heutzutage gar nicht. Das wird oft beklagt. Und es stimmt, weil sie keine Ketzer mehr sind! Darum sollen unsere Kirchen ihre Mitglieder endlich wieder zu Ketzern erziehen, zum herrlichen, lustvollen, reformatorischen Rabaukentum.

Evangelische Pfarrer und Pfarrerinnen müssen endlich wieder so predigen, dass auch alte Damen wieder die Ketzerlust in sich entdecken. Denn Predigt ist eben kein Stück Liturgie – das könnte den „Perikopenbeamten“ so passen –, sondern ein Hahnenschrei, eine Fanfare: ohne Predigt keine Reformation.

Diese reformatorische Lust, dieses fröhliche Ketzertum ist es doch, was den Leuten an Luther gefällt, sie fasziniert. Der Thesenanschlag ist auf jeden Fall eine mobilisierende Geschichte. Und wer formuliert heute Sätze, die ein ganzes Land umkrempeln? Dann die ungeheure Vitalität seiner Sprache, seines Humors. Die deutsche Sprache hat sich durch Luther weiterentwickelt. Und wer will heute so reden und schreiben wie eine evangelische Kirche? Und nicht zuletzt seine Heirat: „Der entlaufene Mönch heiratet die entlaufene Nonne.“. So hat die zeitgenössische Karikatur gehöhnt. Was für eine Trauung müssten wir heute durchführen, um einen ähnlichen Wirbel zu erregen wie Luther? Ja, ja, wir sind gegen den Zölibat – brav! Aber wenn Homosexuelle getraut werden wollen? Gute Nacht, Martin!

Diese reformatorische Lust, dieses fröhliche Ketzertum ist es, was den Leuten an Zwingli gefällt, sie fasziniert. Das Wurstessen von Zwinglis Freunden 1522 in der Buchdruckerei Froschauer in Zürich, also ein offizieller Bruch der gesetzlich verankerten Fastenordnung, hat schließlich zu Zwinglis erster großer reformatorischer Schrift geführt. Was für ein „Happening“ müssten wir heute veranstalten? Zwingli hat erreicht, dass das Söldnerwesen abgeschafft wird, und hat damit die Schweizer Wirtschaft auf den Kopf gestellt. Und heute? Spendensammeln oder Schuldentilgung der Dritten Welt? Den Wohnungsspekulanten und den Ausbeutern der Ausländer das Handwerk legen?

Diese reformatorische Lust, dieses fröhliche Ketzertum ist es, was den Leuten an Calvin gefällt. Er hat theologisch über die Wirtschaft nachgedacht und sie als Aufgabenbereich für die Christen wiederentdeckt. Er ist der Vater der Demokratie und des Widerstandsrechtes. Was dürfen Gesellschaft, Demokratie und Ökumene heute von uns erwarten? Und darum lobe ich mir die biblisch-reformatorische göttliche Frechheit der Kinder Gottes:

„Mose war frech, als er dem Pharao
Gottes Frösche auf die Tuchent geschickt hat.
Hiob war frech, als er den höchsten Richter
vor einem Gericht hat anklagen wollen.
Jeremia war frech, als er im Tempel
ein Zeter und Mordio angestimmt hat.
Ezechiel war frech, als er dem ägyptischen König
seinen Partezettel vor die Nasen gehalten hat.
Unser Heiland war frech, als er in heiligem Zorn
die Tisch' der Wechsler im Tempel umg'worfen hat.
Und du, mein eitles Weltkind, sei frech zu
dem vermaledeiten Satanas, dass er dir nicht
deine unsterbliche Seel' abkaufen möchte."

(Aus einer Widmung an Abraham a Santa Clara von P.K.)

Und du, lieber Protestant, und du, liebe Protestantin, sei ein fröhlicher Ketzer, eine fröhliche Ketzerin in allen Dingen: berstend vor Gottvertrauen; tatendurstig, als gäbe es keine Rechtfertigung allein aus Glauben; fröhlich wie König David, als er vor der Bundeslade tanzte; stark

durch dein Gebet, fantasievoll durch den heiligen Geist, heiß und ungeduldig.
Es ist eine Lust, ein Ketzer zu sein.

Karrieren

Auch zu Luthers Zeiten sind die Leute gern alt geworden und haben etwas erreichen wollen im Leben. Und es hat natürlich viele gute Ratschläge gegeben, wie man das schafft. Auch Luther wusste hier zu raten: „Willst du alt werden, so werde bald alt: behalte den Kragen warm, fülle nicht so sehr den Darm, komm der Grete nicht zu nah, so wirst du langsam grau!"

Ja schön, langsam grau, langsam alt zu werden. Aber es geht ja nicht nur darum, ein bestimmtes Lebensalter zu erreichen, sondern darum, in jedem Lebensalter etwas Besonderes zu erreichen. Was aber ist optimal in jedem Lebensalter? Dazu wieder Luther:„Wer mit 20 nicht schön, mit 30 nicht stark, mit 40 nicht klug, mit 50 nicht reich wird, der braucht danach nicht mehr zu hoffen. Alter schützt vor Torheit nicht."

Oder anders gesagt: Alt und dumm wird man ganz von allein; und je weniger man sich anstrengt, umso leichter wird man's. Was ist wirklich das Optimum in jedem Lebensjahrzehnt? Unsere Zeit hat da ganz andere Modellvorstellungen.

Mit 20 Student, mit 30 Stressman, mit 40 Herzinfarkt, mit 50 Frühpension. Oder: Mit 20 Luxusbubi, mit 30 ewiger Student, mit 40 in der Firma von Papa, mit 50 Aussteiger. Aber auch weibliche Lebenskarrieren haben heutzutage eine geradezu unverwechselbare Individualität: Mit 20 Jahren Girl im Fetzenlook, mit 30 standesgemäße Heirat, mit 40 kosmetikgegerbte Partygeberin, mit 50 Ärztestammgast. Oder: Mit zehn Jahren verfressen, mit 20 unausgeschlafen, mit 30 Expertin für alles, was „in" ist, mit 40 frustriert, mit 50 resigniert.

Solche Lebenskarrieren sind nicht gerade erstrebenswert, aber sie sind typisch für ein Land, das im Wohlstand lebt.

Lebenskarrieren in der Dritten Welt sehen anders aus: Mit 10 Jahren immer hungrig, mit 15 das erste Kind, mit 20 krank, mit 25 nach der Geburt des fünften Kindes gestorben – Leben in Bangladesh.

Oder: Mit 10 Jahren ein Kind in den Slums, mit 20 Revolutionär, mit 30 im Dschungel versteckt, mit 40 von einem betrunkenen Soldaten erschossen – Leben in Südamerika.

Vor allem die Leute in der Ersten Welt könnten dafür sorgen, dass Menschen ihr Leben leben können: in jedem Lebensjahrzehnt das dafür typische Gute und Sinnvolle erreichen können. Also: Mit 20 Jahren schön, mit 30 stark, mit 40 klug, mit 50 wohlhabend, mit 60 großzügig, mit 70 ein Philosoph, mit 80 weise.

So kann jeder feststellen, wie alt er wirklich ist. „Karrierehelfer" zu werden, könnte eine ethische Herausforderung sein!

Bei wem lassen Sie sündigen?

Ein bekannter Wiener Scheidungsanwalt – anlässlich seiner „Silbernen Hochzeit" befragt, wieso seine Ehe so gut gegangen sei – hat die bemerkenswerte Äußerung getan: „Andere Ehepaare haben sich sozusagen für uns scheiden lassen. Als Scheidungsanwalt lernt man ja nun wirklich sehr gut kennen, auf wie viele blöde Arten man eine Ehe ruinieren kann. Meine Beschäftigung mit den Eheproblemen anderer Paare hat meiner Frau und mir viel erspart. Wir haben eben nicht jeden Fehler nachgemacht."

Andere Leute machen ähnliche Erfahrungen. Ein Arzt: „Andere sind für mich gestorben! Ich habe Patienten, die entwickeln eine geradezu unglaubliche Fantasie, sich zizerlweis' umzubringen. Und erst meine lieben Herren Kollegen: Vor lauter Behandeln merken die oft gar nicht, dass sie selber krank sind. Besonders Ärztebegräbnisse wirken sehr pädagogisch."

Anwälten steht natürlich ein Heer von Stellvertretern zur Verfügung. So sprach ein Anwalt, eher grundsätzlich: „Andere sind für mich eingesperrt worden. Zugegeben, jeder Mensch gerät – und das nicht nur einmal – in Versuchung. Ich hab's meine Klienten für mich ausprobieren lassen und hab' mir den Knast erspart!"

Und ein Bankdirektor: „Andere haben für mich Pleite gemacht. Ich schau lieber zu, was die anderen alles riskieren und warte ab. Und ich hab's noch nicht bereut."

Ein Politiker: „Andere sind für mich korrupt gewesen. Als Politiker wird man ja sowieso beschimpft und es wird einem fast alles unterstellt, auch wenn man ein Leben lang korrekt gewesen ist. Andere sind für mich korrupt gewesen, und ich habe die schlechte Nachrede gehabt."

Und eine Buchhalterin: „Andere haben für mich Unterschlagungen gemacht. Da habe ich gesehen, wie todsicher alle Tricks sind. Da brauche ich nichts mehr selbst auszuprobieren."

Und ein Journalist: „Andere haben sich für mich verkauft. Und der Preis war oft gar nicht schlecht; aber der bittere Nachgeschmack, der irgendwann doch kommt, danke schön!"

Auch ein Pfarrer: „Andere haben für mich geheuchelt. Da habe ich gesehen, wie widerlich und peinlich es ist, wenn gerade ein Christ den Perfekten spielt."

Und ein Elternpaar: „Andere haben für uns ihre Kinder schlecht erzogen. Wir waren glücklicherweise die Letzten in unserem Bekanntenkreis, die Kinder bekommen haben. Das hat uns eine Menge Experimente mit unseren Kindern erspart."

Was für eine Wohltat, jemanden zu haben, der stellvertretend alle Blödheiten, Irrtümer und Verbrechen erledigt.

Die kleinen Scheisser

Nein – die ganz großen Schurken und Verbrecher sind nicht das Problem. Mit denen sind die Politiker und die Kriminalbeamten noch immer irgendwie fertig geworden. Das große Problem sind die „kleinen Scheißer“, denn die sind über das ganze Land verbreitet wie eine Epidemie.

Ich weiß, mein „Fachausdruck“ ist nicht gerade fein oder vornehm und gerade die „kleinen Scheißer“ reagieren besonders zimperlich auf diese Bezeichnung. Denn ein anständiger Mensch nimmt natürlich so ein Wort nicht in den Mund, und ein anständiger „kleiner Scheißer“ schon gar nicht. Und darum ist der „kleine Scheißer“ besonders wehleidig, wenn ihn jemand beim Namen nennen möchte. Aber rücksichtslos, wie Pfaffen nun einmal sind – mir steht kein treffenderer Ausdruck zu Gebote als eben die „kleinen Scheißer“!

Eine Definition gefällig? Die „kleinen Scheißer“ sind Leute, die irgendwo unbemerkt und unbehelligt ihre miesen, kleinen Bosheiten begehen – und meistens nicht dabei erwischt werden. Kleine Bosheiten allerdings, die oft für ihre Opfer arge, ja verheerende Folgen haben. Es sind kleine, unscheinbare Leute, die oft nur in einem ganz kleinen Bereich etwas zu sagen haben, sich aber dort als gefährliche Tyrannen aufführen.

Und sollten sie doch einmal bei ihren Niederträchtigkeiten erwischt werden, dann jammern gerade sie: „Die Kleinen bestraft man, aber die Großen lässt man laufen!“ Aber am besten gedeihen die „kleinen Scheißer“ natürlich in Diktaturen. Da haben sie ideale Verhältnisse. Da kann man drohen, erpressen, einschüchtern; da sind die verängstigten Opfer schier zu allem bereit.

Nach der Wende 1989 ist das alles zutage gekommen: die Flut der Miniverbrechen, der Minidiktatoren. Nein – kein Befehlsnotstand, sondern jahrelange, bewusste und boshafte Fleißaufgaben. Denn auch der allerkleinste bürokratische oder private „kleine Scheißer“ hat jemanden zum Einschüchtern und Ausnützen gefunden.

Jahrelang hat dieser Reinigungsprozess die ehemalige DDR in Atem gehalten. Der riesige Leib eines Landes, der jahrzehntelang unter Verstopfung gelitten hat, hat nun auf einmal die riesige Menge moralischer Scheiße von sich gegeben. Und die Namen der Miniganoven waren ein Fressen für die Boulevardpresse. Bei dieser Gelegenheit entstand auch gleich ein neue Variante, der „progressive kleine Scheißer“. Das waren jene Damen und Herren, die nach der Wende mit ihren angeblichen Heldentaten und ihrem angeblichen Widerstand angegeben hatten, und jetzt mit Erschrecken zur Kenntnis nehmen mussten, dass in den Spitzelakten nichts über sie stand.

Aber war das in Österreich anders? Man erinnere sich an 1938, Morzinplatz, Gestapo-Hauptquartier: alle paar Stunden mussten die Briefkästen mit den anonymen Anzeigen geleert werden. Denn „anonym“ ist die Lieblingsform des „kleinen Scheißers“ und „Denunziation“ seine Lieblingstat. So hat zum Beispiel eine Frau ihren Exfreund aus Rache angezeigt: aus „politischen“ Gründen und natürlich anonym.

Aber auch in der Demokratie sind sie nicht ausgestorben, die privaten Brunnenvergifter. Und die Bürokratie war immer noch die ideale Braut für viele „kleine Scheißer“: der Beamte, der besonders gern Ausländer seine Macht spüren lässt; der Vorarbeiter, der seine Frustrationen an ausländischen Hilfskräften abreagiert; der Arzt, der psychische Gesundheit mit Fragen wie „Wie schwer ist eine Semmel?“ überprüft hat.

Bleibt nur noch die Frage zu stellen, ob irgendjemand diesen erfolgreichen Minisündern ihren bösen Geist austreiben kann. Doch da geht eher ein Kamel durch ein Nadelöhr, als dass ein „kleiner Scheißer“ Buße tut.

Der Mensch ist kein Klumpen Ton

Man hat manchmal seltsame Eingebungen und staunt, dass man ihnen nachgibt. Ob das auch eine göttliche Eingebung sein könnte? Von Jeremia, dem alttestamentlichen Propheten, wird so eine Geschichte erzählt.

Auf einmal hört er eine Stimme: „Geh in eine Töpferwerkstatt und dort wirst du mich wieder hören!“ Jeremia bei sich: „Wirklich, spinn’ ich, was soll das?“

Und Jeremia geht hin und schaut dem Töpfer zu: Der Mann nimmt einen Klumpen Ton, gibt ihn auf die

Drehscheibe und versucht, einen Topf zu formen. Nur das gelingt nicht gleich. Erst fällt der Ton zusammen, dann wieder gefällt's dem Töpfer nicht. Aber er probiert es noch einmal, und jetzt wird es ein schöner Topf. Jeremia ist ganz ins Zuschauen versunken. Da hört er wieder die Stimme: „Kann ich nicht mit euch Menschen genauso umgehen wie dieser Töpfer? Ihr seid doch auch Ton in meinen Händen." Jeremia erschrickt: „Nein, nicht, so nicht! So ein Gott darfst du nicht sein, der so willkürlich mit den Menschen umspringt."

Ein solches Erlebnis hat wahrscheinlich nicht nur ein biblischer Prophet. Auch moderne Menschen haben manchmal das Gefühl, dass Gott mit ihnen umspringt, wie er will. Dass sie niemand fragt, ob sie das überhaupt wollen, was mit ihnen geschieht. Viele nennen ihren Manipulator vielleicht nicht Gott, sondern Schicksal oder das Leben. Aber für alle ist es das Gefühl, irgendwie hilflos ausgeliefert zu sein. Und so mancher Beruf erinnert einen ganz brutal daran: Wenn einen die Ämter wie eine unbedeutende Nummer behandeln. Ist Gott vielleicht auch ein blöder Beamter?

Wenn einen ein Vorgesetzter schikaniert. Ist Gott vielleicht auch ein sadistischer Chef?

Wenn ein Handwerker zum vierten Mal nicht zum vereinbarten Termin kommt. Will mich vielleicht auch Gott meine Abhängigkeit so schändlich spüren lassen?

Als Jeremia dem Töpfer zugeschaut hat, hat ihn die geheimnisvolle Stimme gefragt: „Könnte ich dich nicht genauso behandeln?“ Sie setzt aber fort: „Ich tue es aber nicht, weil ich dich mag.“ Gott sei Dank hat der liebe Gott noch immer nicht von seinen Menschenkindern gelernt, wie schlecht man einen Menschen behandeln kann.

Die Dummheit ist eine furchtbare Stärke

„Die Dummheit“, so meint der große österreichische Satiriker Johann Nepomuk Nestroy eher resignierend, „ist keine Geistesschwäche, sie ist eine furchtbare Stärke.“

„Leichtsinn wurde schon oft von dem sanften Hauch der Liebe, öfter noch von dem rauen Sturmwind der Erfahrung verscheucht. Selbst das Laster ist nicht selten vor dem Licht der besseren Überzeugung geflohen. Nur die Dummheit hat sich hinter ein festes Bollwerk von Eigensinn verschanzt.“ Traurig, aber wahr ist das Sprichwort: „Gegen Dummheit kämpfen Götter selbst vergebens. Und du, schwacher Sterblicher, willst diesen Riesenkampf beginnen?“ Und er wäre kein österreichischer Satiriker, wenn das für ihn nicht nur eine rhetorische Frage wäre.

Aber stimmt es wirklich, dass gegen die Dummheit selbst Götter vergebens kämpfen? Und wenn das wirklich so sein sollte, könnte man sich wenigstens damit trösten, dass es ja nur die antiken Götter waren, die nichts gegen die Dummheit ausrichten konnten, während der Gott der Christen damals am Kreuz von Golgatha auch die Dummheit der Menschen auf sich genommen und überwunden hat.

Das ist ja auch theologisch richtig gedacht. Nur fragt man sich manchmal, ob Kirche und Christentum die Macht und Zähigkeit der Dummheit überhaupt schon erkannt haben – die persönliche und die institutionelle – oder ob man nicht gerade in der Kirche gewohnt ist, die Dummheit, vor allem die eigene, zu unterschätzen.
Peter Altenberg hat eine treffende Antwort gegeben, als man sich einmal ihm gegenüber verwundert erklärte, dass ein bedeutender und intellektueller Mann eine so große Dummheit begangen habe, nämlich: „Nur große Männer begehen eine riesengroße Dummheit!“ Diese eher „weltliche“ Erkenntnis Altenbergs lässt sich unschwer auch im kirchlichen Bereich verifizieren – sogar in Kirchen, in denen es eigentlich gar keine Hierarchie gibt.

Es wäre wohl ein Zeichen von Bußfertigkeit, sich einzugestehen, dass eben sowohl große kirchliche Persönlichkeiten als auch bedeutende kirchliche Gremien manchmal riesengroße Dummheiten begehen. Könnte es nicht sein, dass vieles, worunter die Menschen in den Kirchen leiden, ein Werk der Dummheit ist?

Im biblischen Wörterbuch kommt „Dummheit“ nur dreimal vor. Das ist symptomatisch und zugleich ein Fingerzeig: die Dummheit hinter all ihren Masken aufzuspüren. Könnte doch gerade die Dummheit eine der Hauptursachen für all das sein, was Menschen auch nach Christus einander angetan haben.

Nimm Dir ein Beispiel an

„Ihr Christen, nehmt euch ein Beispiel an Abraham und lernt von ihm den Glauben."

Das hat vor langer Zeit der Apostel Paulus den Christen in Rom geschrieben. Damit hat er den Christen ganz ungeniert empfohlen, sich einen prominenten Vertreter aus einer anderen Religion, nämlich den Juden Abraham, als Vorbild zu nehmen – noch dazu für den Glauben! Diese paulinische Ungeniertheit ist ansteckend sie verleitet dazu, seinen Gedanken weiterzuspinnen:

Ihr Juden, nehmt euch ein Beispiel an Jesus – und lernt von ihm, wie man das Gesetz auslegt.

Ihr Katholiken, nehmt euch ein Beispiel an Calvin – und lernt bei ihm, wie man eine Kirche strukturiert.

Ihr Reformierten, nehmt euch ein Beispiel an Franz von Assisi – und lernt von ihm, wie man die Welt mit Güte verändert.

Ihr Orthodoxen, nehmt euch ein Beispiel an Luther – und lernt von ihm die Innigkeit des Gottvertrauens.

Ihr Lutheraner, nehmt euch ein Beispiel an Chrysostomus – und lernt von ihm die Herrlichkeit der Kinder Gottes.

Ihr Christen alle, nehmt euch ein Beispiel an Buddha – und lernt von ihm die Sanftmut und die Liebe zu allen Geschöpfen.

Ihr Christen alle, nehmt euch ein Beispiel an Mohammed – und lernt von ihm, Gott allein die Ehre zu geben.

Ihr Christen alle, nehmt euch ein Beispiel an Konfuzius – und lernt von ihm die Weisheit, die aus dem Glauben kommt.

Aber wenn ich Paulus richtig verstanden habe, dann wollte er gewiss nicht nur die Religionen und Konfessionen miteinander in Kontakt bringen.

Es gibt doch sicher ein amerikanisches Vorbild, von dem die Russen etwas lernen können. Und ein russisches Vorbild, von dem die Amerikaner etwas lernen können.

Es gibt sicher einen Rechten, von dem die Sozialisten etwas lernen können. Und einen Rechten, von dem die Linken etwas lernen können.

Es gibt sicher einen Gewerkschafter, von dem die Industriellen etwas lernen können. Und einen Industriellen, von dem die Gewerkschafter etwas lernen können.

Nur leider: Zwischen „Lernen-Können" und „Lernen-Wollen" liegt halt oft ein Abgrund von Angst und Selbstgerechtigkeit. Diese bittere Erkenntnis ist auch Paulus nicht erspart geblieben. Die lieben Mitmenschen neigen wohl bis auf weiteres dazu, sich an den „Nicht-Gesinnungsgenossen" eher ein abschreckendes Beispiel zu nehmen.

Ausrede „Lieber Gott“

Fromme Leute pflegen sich zu freuen, wenn in den Reden ihrer Zeitgenossen „Gott“ vorkommt. Erfahrene Christen neigen mehr zur Skepsis, wenn in den ansonsten eher „gottlosen“ Argumentationen gewisser Verantwortungsträger auf einmal der „liebe Gott“ auftaucht.

Die Geschichte stand übrigens in einer großen Tageszeitung. Über Wien ist ein heftiges Unwetter niedergegangen. Der Sturm hatte das Blech von den Fertigteilhäusern weggerissen. „Durch die Fugen der Betonplatten und der Decken und der Wände und sogar aus den Steckdosen rinnt, mit Kübeln kaum noch aufzufangen, das Regenwasser in die Wohnungen.“

Die verschreckten Mieter wandten sich daraufhin arglos an die Baufirma, die diese Häuser aufgestellt hat, um Hilfe. Doch die Reaktion der Verantwortlichen, oder vorsichtiger gesagt: die Reaktion der Leute, die die betroffenen Mieter für die Verantwortlichen gehalten hatten, war verblüffend genug. Sie gaben nämlich eine seltsam religiöse Antwort: „Wenn Sie jemandem die Schuld geben wollen, dann dem lieben Gott!“ Und ich füge hinzu „basta“ oder, um religiös zu bleiben „Amen“.

Wozu doch der Religionsunterricht gut ist. Da lernt man zum Beispiel von der Sintflut, jener legendären Überschwemmungskatastrophe. Gott und der Regen, die gehören eben zusammen wie das Amen zum Gebet.

Und wenn dann der Regen etwas ruiniert, dann beugt man sich eben „demütig“ unter den Willen des Höchsten.

Wenn auch ein kleiner Zweifel bei den Mietern zurückblieb. Hielten sie sich doch für nicht so verrottet wie Noahs Zeitgenossen, dass Gott gleich mit einer neuen Sintflut kommen müsste. Und außerdem, so jemanden könnte man doch nicht den „lieben Gott“ nennen, der einem die Wohnung unter Wasser setzt. Oder sollten sich die Herren nur einen Scherz erlaubt haben mit dem „lieben Gott“ und in Wirklichkeit selber schuld gewesen sein?

Aber für prominente Verantwortungsträger ist der „liebe Gott“ wohl bis auf weiteres unverzichtbar. Er pflegt erfahrungsgemäß immer dann „aufzutauchen“, wenn die „Kompetenten“ ihre Verantwortung schnell loswerden wollen. Oder wie sonst ist es zu verstehen, wenn der Generalsekretär der Industriellenvereinigung, selbst ernannte Zuchtrute progressiver Kapläne und Vikare, im Hinblick auf den Tag nach einer Katastrophe von Bohunice sagte: „Ich bin Optimist und vertraue auf den lieben Gott!“ „Lieber Gott“ statt Verantwortung?

Und darum ist höchstes Misstrauen geboten, wenn gewisse Zeitgenossen plötzlich vom „lieben Gott“ reden.

Der biblische Reparaturbericht

Am Anfang hatte Gott das Licht erschaffen. Und das Licht war noch immer gut. Und Gott sah, was alles kaputt war im Himmel und auf Erden.

Und am zweiten Tag gab Gott dem Himmel seine Schönheit zurück. Er ließ alle giftigen Gase verschwinden, sodass die Menschenkinder wieder atmen konnten. Das Ozon nahm er vom Erdboden weg und baute hoch oben eine neue Ozonschicht auf. Und die Kinder konnten wieder im Sonnenschein spielen. Und Gott sah, dass es gut war.

Am dritten Tag beendete Gott das Waldsterben und reparierte den Regenwald in Südamerika. Und Gott sah, dass es gut war.

Am vierten Tag schaltete Gott alle Atomkraftwerke ab und zeigte den Menschen, wie sie ihre Energie von der Sonne bekommen können. Und Gott machte alle Benzinautos betriebsunfähig. Und Gott sah, dass es gut war.

Am fünften Tag reinigte Gott das Meer. Er ließ alle Schiffe untergehen, die Jagd auf die großen Meerestiere machten – und das Meer wimmelte wieder von Abermillionen von Fischen. Und Gott heilte alle Tiere. Er befreite die Rinder von BSE und die Hühner von den Salmonellen und die Kälber vom Hormonfutter und er zerstörte alle Tier-KZs. Und Gott sah, dass es gut war.

Am sechsten Tag sah Gott, dass die Menschen viele Tiere ausgerottet hatten, die er geschaffen hat. Und Gott erschuf alle ausgestorbenen Tierarten neu – sogar das „Ungeheuer von Loch Ness“. Und Gott sah, dass es gut war.

Und dann fing Gott an, die Menschen zu reparieren. Er erfand einen Impfstoff gegen Aids und Krebs und er ließ alle genmanipulierten Tomaten verfaulen. Und Gott erfand eine ungefährliche Empfängnisverhütung. Und Gott segnete die Menschen und sprach: „Ihr braucht nicht mehr so fruchtbar zu sein, denn ihr habt ja schon die Erde gefüllt.“ Und er versöhnte Feministinnen mit Machos. Und Gott sah, dass es gut war.

Am siebten Tag schuf Gott Arbeit für alle Arbeitslosen, und er schaffte den Stress und die Ausbeutung ab. Und Gott sah, dass es gut war.

Und Gott ruhte aus von all seinen Reparaturen.

Jesaja und die Häuserspekulanten

Wer denkt schon an die Bibel oder gar an den Propheten Jesaja, wenn er bei einer Baustelle vorbeikommt? Auch ein Pfarrer nicht. Wenn aber an dem Haus, das da renoviert wird, eine Tafel angebracht ist und auf dieser Tafel nicht etwa Wohnungen angeboten werden, sondern eine „gute Kapitalanlage“, das heißt hohe Verzinsung für das Geld der Anleger, dann kann zumindest einem Pfarrer schon der alte Jesaja einfallen. „Wehe denen, die Haus an

Haus reihen, bis kein Platz mehr da ist und ihr allein Besitzer seid – mitten im Land." (Jesaja 5,8)

Erstaunlich: bereits vor 2700 Jahren ist der Prophet Jesaja gegen die Häuser- und Bodenspekulation aufgetreten – und das im Namen Gottes. Für Jesaja steckt im ausbeuterischen Umgang mit Geld eine Form der Gotteslästerung. Und so sieht er in den einschlägigen Spekulanten Gotteslästerer und damit Menschenverächter.

So genannte moderne, nachbiblische Leute sind durchaus bereit, dem großen alttestamentlichen Propheten Recht zu geben, was seine, also die uralte Zeit betrifft, aber heute sei doch alles ganz anders. Bei der heutigen Wohnungsfinanzierung beziehungsweise -sanierung, ginge doch alles anständig zu. Das habe ich natürlich auch einmal pflichtgemäß geglaubt. Aber dann hat mir ein Ehepaar die Augen geöffnet.

Ein guter Freund, ein Finanzberater, hatte ihnen geraten, ihr Geld einer Finanzierungsgesellschaft anzuvertrauen. Das sei eine hervorragende Geldanlage. Sie legten ihr Geld auch dort an. Aus purer Neugierde haben sie sich genauer informiert. Diese Finanzierungsgesellschaft saniert Althäuser. Dann wird der „Zins" enorm erhöht. Die Folge: Viele Mieter müssen ausziehen, weil sie sich so teure Wohnungen einfach nicht mehr leisten können.

Das Ehepaar war darüber sehr bestürzt: „Im Grunde ist es unsere Gewinnsucht, die diese Leute aus ihren Wohnungen vertrieben hat. Wir wollten zwar unser Geld gut anlegen, aber das haben wir nicht gewollt.“ Sie wollen übrigens demnächst ihr Geld zurückziehen.

Jesaja kann sich über seine späten Schüler freuen. Bleibt eigentlich nur noch zu wünschen übrig, dass sich in Zukunft immer mehr Zeitgenossen darum kümmern werden, was eigentlich durch das Geld geschieht, das sie gewissen Finanzierungsgesellschaften oder Banken anvertraut haben. Es ist eher schwer vorstellbar, dass sie mit all dem einverstanden sein werden, was da quasi anonym in ihrem Namen geschieht.

Tierische Sprachkultur

Wenn Menschen einander beschimpfen oder wenn sie zärtlich miteinander reden, dann verwenden sie gern Tiernamen. Das war schon so, bevor sich der ländliche Proletarier David vorstellen konnte, König in Israel zu werden. „Mein Täubchen“, „meine Gazelle“, „mein Rehlein“ – das ist genauso gut biblisch belegt wie „du Hund“, „du Wolf“, „du Fuchs“, „du Esel“ und „du Schlange“.

Könnte man sich vorstellen, dass das umgekehrt auch so passiert? Nämlich, dass Tiere Menschenworte verwenden. Vielleicht sagt dann der Friedenstäuberich zum Friedenstäubchen:

„Na komm her, mein Menscherl, meine kleine Sekretärin, meine holde Professorin, meine strenge

Lehrerin, mein Hausfrauchen!" Und vielleicht antwortet ihm dann das Täubchen: „Ich liebe dich, du kleiner Rumtreiber, du Teilzeit-Hallodri, du süßes Männchen, du großer Star, du wilder Programmierer, du Flugkapitän meines Herzens!"

Und wenn das verliebte Täubchen auch noch fromm sein sollte, sagt es vielleicht noch zum Täuberich: „Du verwegener Kirchenbeitragszahler, du heißer Protestant, du kühner Kirchenvolksbegehrenunterschreiber!"

Aber eben nur „vielleicht", denn natürlich reden Tiere nicht so miteinander. Tiere reden gern positiv über Menschen.

Krokodil: „Ich finde es herrlich, dass es Menschen gibt. Das hat Gott in seiner Weisheit so wunderbar und vernünftig eingerichtet."

Löwe: „Ja, und sie schmecken so gut, diese Menschen!"

Krokodil: „Das glaub' ich. Da hab' ich übrigens gestern einen Minister gefressen. Ich sage dir – ein Gedicht."

Löwe: „Ach was, einen Minister. Ein durchtrainierter Oppositionspolitiker oder eine zarte Grüne – das ist eine Delikatesse."

Wieder falsch. Natürlich schauen sich Tiere kein Menschenkabarett an. Die Krokodile haben noch keinen Qualtinger hervorgebracht. Und bei den Löwen gibt es keinen Mini-Hildebrandt. Tiere erzählen einander auch keine Menschenwitze. Und „du Mensch" ist bei ihnen keine Beschimpfung. Man könnte eigentlich eine ganze Menge von den Tieren lernen.

Adam durfte wenigstens noch schwitzen

Also Schweißgeruch – das ist heutzutage etwas ganz Arges. Wer schwitzt, stinkt. Und noch dazu nach Schweiß. Und den Schweiß einfach abwischen? Nein! So etwas konnte sich vielleicht die heilige Veronika erlauben und sich dabei sogar noch malen lassen. So etwas konnten sich im 20. Jahrhundert noch Louis Armstrong und Ella Fitzgerald erlauben. Aber alle anderen haben gefälligst nicht zu schwitzen, wenn sie etwas gelten wollen.

Wer schwitzt, kriegt Flecken im Ballkleid. Wer schwitzt, verliert politische Fernsehkonfrontationen. Wer schwitzt, ist schwach. Wer schwitzt, ist nur ein Mensch. Was ist das eigentlich für ein besonderer Saft, Schweiß?

Die Wissenschaft definiert: Das farblose, weitgehend geruchlose, salzig schmeckende Absonderungsprodukt der Schweißdrüsen. Verschiedene organische Substanzen im Schweiß entstammen dem Sekret von Duftdrüsen beziehungsweise bakteriellen Zersetzungsprodukten. Sie ergeben zusammen mit Milchsäure und zum Beispiel nach Knoblauchgenuss einen oft sehr unangenehmen Körpergeruch.

Religiös gesehen ist der Schweißgeruch ein melancholisch-theologischer Geruch. Denn er erinnert die Menschen ständig daran, dass sie aus dem Paradies vertrieben worden sind.

Als Gott das erste Menschenpaar aus dem Paradies hinauswirft, sagt er zu Adam: „Im Schweiße deines

Angesichtes sollst du dein Brot essen." Wohlgemerkt: Gearbeitet haben Adam und Eva auch im Paradies. Aber jetzt, außerhalb des Paradieses, ist alles sehr kompliziert geworden – und vor allem eine Riesenplage. Aber zum Unterschied von heute durfte Adam wenigstens nach Herzenslust schwitzen und stinken. Und Eva hat ihn trotzdem geliebt – und seinen herb-männlichen Bocksgeruch als Aphrodisiakum genossen.

Heute dürfen Adam und Eva nicht einmal mehr schwitzen – weil das die Päpste einer „Parfümeriekirche" so beschlossen haben. Und Adam kauft den Körpergeruch im Geschäft, den Eva in diesem Jahr von ihm erwartet. Und im Übrigen wissen sie längst, dass sie nicht mehr die Nachfahren von theologisch „Heimatvertriebenen" sind. Denn was man nicht mehr riechen kann, das gibt es nicht mehr.

Was macht die Lasterhaften so sympathisch?

Da gibt es Leute, die werden von den Folgen ihrer Sünden aus dem Schlaf geholt. Das sind die Zeitgenossen und Zeitgenossinnen, die – um es mit den Worten eines Barockpredigers zu sagen – zu viel gefressen, gesoffen, scharwenzelt und geraucht haben. Gewisse „Zuständ" am Morgen bringen Kummer und Sorgen.

Ein Spezialfall sind die Raucherhustenbesitzer – sie „bellen“ sich selbst erfolgreich aus dem Schlaf. Und sie werden nicht etwa mit einem „Guten Morgen“ begrüßt, sondern der pharisäische Mensch da im Nebenbett brummt nur: „Siehst du, das hast du davon, weil du gestern wieder zu viel geraucht hast. Hab ich dir's nicht schon 100-mal gesagt?“ So viel Selbstgerechtigkeit können die Betroffenen nur in neuerlichem Husten ersticken.

Was aber der Raucherhusten mit der Religion zu tun hat, das weiß ich von einer Expertin auf diesem Gebiet, die sonst eher nichts mit Religion am Hut hat. „Mir sind Leute mit Raucherhusten sympathisch“, hat sie gesagt. „Mir sind überhaupt Leute sympathisch, bei denen man merkt, dass sie Laster haben.“ „Und was macht die Lasterhaften so sympathisch?“, wollte ich wissen. Und die bemerkenswerte, eben religiöse Antwort: „Menschen mit Lastern machen sich nichts vor. Sie wissen genau, wie unvollkommen sie sind. Und darum halten sie sich nicht für besser als andere Leute. Lasterhafte Menschen haben Verständnis für ihre Mitmenschen. Sie sind freundlich und angenehm.“

Fast mit denselben Worten hat das vor mehr als 1000 Jahren ein griechischer Theologe und Kirchenvater gesagt, der Heilige Johannes Klimakos: „Wer zur Geilheit neigt, ist mitleidig und voll Erbarmen. Die zur Reinheit neigen, sind es nicht.“

Nun muss festgestellt werden, dass Johannes weder die Geilheit empfiehlt noch die Reinheit abwerten will. Er sagt nur, dass Geilheit und Reinheit Konsequenzen haben können, mit denen niemand gerechnet hat, auch nicht die unmittelbar Betroffenen. Johannes hat – vielleicht sogar im Kloster – die Erfahrung gemacht, dass Reinheit erbarmungslos machen kann und Geilheit mitleidig, verständnisvoll.

Natürlich gibt es auch Geile, die erbarmungslos sind, und Reine, die viel Verständnis haben. Wer sich aber über die bedenklichen Erfahrungen des Johannes Klimakos aufregen will, sollte sich besser seine Warnung zu Herzen nehmen, denn der Heilige war schließlich ein Fachmann in Sachen Laster und Tugend. Und so wusste er eben, dass das Streben nach moralischer Vollkommenheit, nach persönlicher Reinheit den Menschen in Gefahr bringt, egoistisch, hochmütig und lieblos zu werden; während der Sünder, der sich keine Illusionen über sich macht, oft eine erstaunliche Herzlichkeit ausstrahlt.

Hartherzige Asketen werden wahrscheinlich in Johannes Klimakos eher einen „komischen Heiligen" sehen, aber zu Unrecht, denn so ungewöhnlich es aufs Erste wirken mag, dieser Johannes ist auf den Spuren Jesu Christi gewandelt. Als sich ein Pharisäer einmal darüber entrüstet hatte, dass Jesus so freundlich und verständnisvoll zu einer stadtbekannten Sünderin war, da hat der Gottessohn gesagt: „Ihr werden viele Sünden vergeben, denn sie hat viel geliebt. Wem aber wenig vergeben wird, der liebt wenig."

Da wird der Raucherhusten gleich zum lieblichen Geräusch. Denn wer husten kann, kann auch lieben. Das macht die Lasterhaften so sympathisch.

Widerstandskultur

„Gottes Wort muss Widerstand haben“, hat der Schweizer Reformator Ulrich Zwingli aufgrund seiner Lebenserfahrung gesagt. „Gottes Wort muss Widerstand haben, damit man seine Kraft sieht. Wenn ein Pfarrer nur leisetritt und süß schwatzt, geht alle Gerechtigkeit und Freiheit zugrunde. Ich habe alle meine Anfeindungen daher, dass ich kämpfe: gegen Raub, Krieg und Gewalt!“ Man höre und staune: Der Glaube hat aus diesem Mann keinen nachgiebigen Dulder gemacht, sondern eine Art Widerstandskämpfer.

Als Widerstandskämpfer „aus Glauben“ hat Zwingli eine Art „heiligen Zorn“ entwickelt, der dem großer biblischer Vorbilder vergleichbar ist. Man denke etwa an die flammende Rede des Propheten Jeremia im Jerusalemer Tempel; nicht auszudenken, was wohl einem heutigen katholischen Propheten zustoßen würde, hielte er in der Peterskirche zu Rom eine vergleichbare Predigt. Oder welche „klerikalen Tische“ würde Jesus heute umwerfen?

Ja, Zwingli hat aus dem Wort Gottes eine Widerstandskultur entwickelt. So ist eine besondere geistliche Tradition entstanden, um die wir die Schweizer nur beneiden können.

Schon der kleine Junge lernt durch lebende Vorbilder, wie er sich in Konfliktsituationen verhalten soll: nur nicht auffallen; ja sagen, oder höchstens „jein“; nur kein

Spielverderber sein, auch wenn es sich um „böse Spiele" handelt; nur nichts riskieren. So denkt sich schon der kleine Junge – und nicht nur er – seinen Teil und lässt die anderen reden, und erst recht Widerstand leisten.

Es ist ein problematisches Erziehungsideal, das schon Kinder entscheidend formt. Denn sie werden ja weder als „Schwanzeinzieher" noch als Opportunisten geboren. Jedes Kind verfügt sogar über ein angeborenes Widerstandspotenzial: die kindliche Lust am Neinsagen und Widersprechen, den Reiz, nicht zu folgen, eine oft unbändige Diskutierlust, die Fantasie der 1000 Ausreden.

Diese wunderbaren Anlagen werden den Kindern normalerweise ausgetrieben. Wo sind die Eltern, Erzieher, die das natürliche Widerstandspotenzial der Kinder veredeln und kultivieren?

Heutzutage fragt man gern, warum die Menschen seinerzeit keinen Widerstand geleistet haben. Ja, wie hätten sie denn sollen, nachdem man ihnen schon im zartesten Alter jede Widerstandsneigung ausgetrieben hat? Wer hierzulande von einer Widerstandskultur träumt, der sollte nicht nur ihre religiösen Wurzeln erforschen, sondern mit der Erziehung zum Widerstand beginnen.

Xanthippen machen

Hinter jedem berühmten Mann steht eine Frau. Ohne diese Frau wäre dieser Mann nie berühmt geworden. Diese Frau ist seine Managerin und persönliche Betreuerin. Sie versorgt ihn ganz und gar, räumt ihm alles aus dem Weg, hält alles Störende von ihm fern – und das alles ohne Murren und in ständiger Fröhlichkeit. Sie ist nicht nur dankbar für diese Rolle, sie spielt sie meist unbemerkt von der Öffentlichkeit. So will es jedenfalls das Klischee. Und in den USA soll es ja diese Spezies von Wunderweib mehrfach geben.

In europäischen Gefilden scheint es eher eine recht undankbare Rolle zu sein, die Gattin eines bedeutenden Mannes zu sein. Ahnfrau aller frustrierten Prominentengattinnen ist Xanthippe, die Frau von Sokrates. Sie gilt bis heute als Erfinderin der Zanksucht, als das böse und streitsüchtige Eheweib schlechthin, als Eheteufel, der dem philosophischen Gesponsen das Mitleid über Jahrtausende gesichert hat. Diese üble Nachrede verdankt Xanthippe übrigens dem griechischen Schriftsteller Xenophon, einem Schüler des Sokrates.

Wahrscheinlich ist Xanthippe nicht einmal verleumdet worden. Aber wer fragt schon, wie sie zur Schutzheiligen aller Ehedrachen geworden ist? Sicher war sie zuerst eine liebenswerte Frau. Xanthippe – auf Deutsch „blondes Pferdchen" – klingt ja fast wie ein Kosename. Bestimmt hat sie ihren Sokrates zärtlich geliebt. Aber er – der große

Philosoph – hat sie bald zum Haustrampel gemacht. Er hat mit seinen vornehmen Zöglingen geistreich diskutiert und sie konnte nachher den Dreck wegputzen.

Seit dieser Zeit sind viele Prominentengattinnen „xanthippisiert" worden. Übrigens gehört Luthers Ehefrau Käthe auch zum „Orden der Xanthippen". Ihr berühmter Martin konnte leicht Theologe und Reformator und Pfarrer und Professor sein – und ihr hat er vertrauensvoll die Sorge für den großen Haushalt überlassen. Luthers wohnten im ehemaligen Augustinerkloster in Wittenberg und führten ein offenes Haus. An seinem Tisch gab es nicht nur originelle Tischreden, sondern eine Menge Leute: Kinder, Verwandte, Freunde, Kollegen, Studenten und Flüchtlinge. Und Käthe musste alle diese hungrigen Mäuler stopfen, auch einen Fischteich betrieb sie, sogar Bierbrauen konnte sie. Was Wunder, dass sie da grantig und hantig und herrisch wurde. Luther – typisch Mann – hat sich mit dem Los seiner Frau eher satirisch auseinandergesetzt und sie in seinen Briefen mit „Mein lieber Herr Käthe" angeredet.

„Sanftes Frauerl wurde Xanthippe. Jetzt will Ehemann Schadenersatz" stand vor einiger Zeit in einer Tageszeitung zu lesen. Wegen „grober Täuschung" war eine Ehefrau von ihrem Gemahl verklagt worden. Vor der Ehe sei die Dame ein „sanftes anschmiegsames Frauerl" gewesen. Unter den Bedingungen der Ehe hätte die Gattin des bekannten Anwalts aber ihr „wahres Gesicht" gezeigt und dieses wahre Gesicht soll äußerst scheußlich gewesen sein.

Und wie viele „Xanthippen“ werden gerade jetzt von prominenten Naivlingen angefertigt? Übrigens scheint Xanthippe doch eher eine liebe, brave Ehefrau gewesen zu sein. Denn der Überlieferung nach soll sie die Marmelade erfunden haben. Und wer selber Marmelade einkocht, hat noch selten aufgemuckt – oder vielleicht gerade deshalb?

Die erste Grapscherin

Gegrapscht wird, seit es Menschengruppen gibt, denen die gesellschaftliche Konvention nicht zugesteht, sich dagegen zu wehren. Aber während der einfache, gemeine Grapscher von seinem Opfer als eine Art schicksalhafte Lebensbeeinträchtigung hingenommen wird, entrüsten sich doch Sitte, Moral und Religion, wenn sich derlei in „höchsten Kreisen“ abspielt. Konkret: wenn ein Minister in die „Grapsch-Connection“ involviert ist.

So hat sich der erste „aktenkundige“ Fall dieser Art vor zirka 3000 Jahren in Ägypten zugetragen. Die Personen der Handlung sind ein Minister, seine Frau und ein begabter junger Mann aus dem Ausland. Besagter junger Mann hat im Hause des Ministers ganz klein angefangen. Aber da er sehr tüchtig war, brachte er es in kurzer Zeit zum nächsten Vertrauten des Ministers. Der Minister übertrug ihm die Verwaltung aller seiner privaten Angelegenheiten und machte ihn zu seinem Sekretär.

Also für einen ausländischen Sklaven eine geradezu märchenhafte Karriere. Denn das muss noch nachgeholt werden, dass der junge Mann ein Sklave war, den man nach Ägypten verkauft hatte. Und Sklaven im Staatsdienst zu beschäftigen, hat den alten Ägyptern praktischerweise die Beamtengewerkschaft erspart. Der Ministersekretär und „Sklave“ war aber auch ein sehr schöner und attraktiver Mann. „In dieser Eigenschaft“ musste er zwangsläufig die Aufmerksamkeit der Gattin des Ministers Potiphar erregen.

Die hohe Herrin dachte sich, es könne doch keine Schwierigkeit sein, einen schönen Sklaven zu vernaschen, und sagte ihm auch befehlsgewohnt: „Schlaf mit mir!“ Und als der unverschämte Kerl nicht parierte, legte sie eines Tages Hand an ihn. Der „Kerl“ konnte ihr zwar entfliehen, aber sein Obergewand blieb in ihrer Hand zurück. Und in ihrer Enttäuschung schreit sie das ganze Haus zusammen und versteht es auch, ihrem Mann einzureden, dass der Sekretär versucht hätte, sie zu vergewaltigen. Der „Sklave“ war chancenlos, er landete im Gefängnis (1. Mose 39).

Jetzt sind wohl die Tage vorbei, wo die Grapscher und Grapscherinnen ihr Opfer ins Gefängnis bringen können. Aber sie sind immer noch darüber empört, dass diese Gegrapschten ihre ganz harmlosen Sympathiebezeugungen in so boshafter Weise missverstehen.

Amerika, dem Land der unbegrenzten Möglichkeiten, blieb es allerdings vorbehalten zum Drama „Grapschen“

noch ein Satyrspiel zu schreiben, nämlich mit der Erfindung der geradezu professionellen Grapscher-Opfer. Die gefährden ihren Leib sozusagen freiwillig moralisch, indem sie ihre Vergewaltiger gekonnt raffiniert animieren: zuerst zur Begrapschung und dann zur Zahlung von „Schmerzensgeldern", die der zugefügten Demütigung entsprechen.

Natürlich empfiehlt es sich, seinen Grapscher oder seine Grapscherin aus der zahlungskräftigen Bevölkerungsschicht auszusuchen, denn Grapscher aus der Unter- und Mittelschicht sind nur Zeitverschwendung. Es sei denn, man hat das Glück, dass der minderbemittelte Grapscher von ehedem Karriere gemacht hat. Dann kann man sich nostalgisch-finanzbewusst liebevoll der durch ihn zugefügten Schmach erinnern und einschlägig aktiv werden.

Da Herrgott und 's Bummerl

„Ana (einer) hat immer das Bummerl (Verlustpunkt beim Spiel). Ana muss immer verlieren." Das singt man gern in Wien. Auf der Hit-Liste steht dieses „theologische Wienerlied" ganz oben. Und wenn es beim Heurigen gesungen wird, dann bricht unter den Gästen eine nahezu brünstige Religiosität aus.

„Ja, so ist es!" Und so mancher erinnert sich, was er schon alles durchgemacht hat. Oder noch lieber: was ihm erspart geblieben ist. Weil er – Gott sei Dank – net „ana“ sondern „a anderer“ ist.

Der Herrgott der Wiener scheint ein recht fataler Herr zu sein, wenn man einem anderen bekannten Wienerlied glauben darf. Und dieses Wienerlied ist ja fast ein gesungenes Glaubensbekenntnis:

„Wenn der Herrgott net will, nutzt es gar nix. Schrei net um, bleib schön stumm, sag, es war nix. So war's immer, so bleibt es für ewige Zeit, einmal ob'n, einmal unt', einmal Freud, einmal Leid. Wenn der Herrgott net will, nutzt es gar nix. Sei net bös', net nervös, denk, es war nix. Renn' nicht gleich verzweifelt und kopflos herum, denn der Herrgott weiß immer, warum.“

Ja, so ist das eben. Man muss sich halt abfinden mit dem Leben, so wie es ist. Oder es wenigstens versuchen. Oder wenigstens so tun, als ob man es so täte. Vor allem die anderen sollen schauen, dass sie das zusammenbringen.

Eigentlich nicht sehr tröstlich, diese Heurigenfrömmigkeit. Aber den Wienern gefällt dieser Heurigenherrgott. Obwohl er alles vorherbestimmt und die Menschen gar nichts dagegen tun können – nicht einmal beten. Und wenn sie diesen Herrgott, der nichts ändern will, besungen haben, ist ihnen sogar viel leichter, den Wienern.

Und darum träume ich von einem neuen Lied: vom wirklichen Herrgott, von dem, der mit den Menschen eigentlich nur gute Absichten hat. Und der seinen Jesus auch genauso hat reden lassen. Da kommt nichts vor von „sich abfinden“ und so, da wird nicht vertröstet.

Der jesuanische Herrgott hat nicht zu den Kranken gesagt: „Ich werde euch schon die Kraft geben, dass ihr es aushalten könnt mit eurer Krankheit!“, sondern er hat sie einfach gesund gemacht. Und den Geist von den „Verruckten“ hat er wieder zurechtgerückt. Ja, sogar ein paar Tote hat er aufgeweckt. Und den Hungrigen hat er etwas zum Essen gegeben. Die Bibel ist voll von solchen Geschichten.

Der Herrgott von der Bibel will nicht, dass sich die Leute mit dem Leid abfinden, sondern, dass sie es abschaffen. Denn – wann's g'schieht, wia's der Herrgott will, dann hat keiner a Bummerl.

Lysistrata

Vor 2300 Jahren hatte die „Komödie“ des großen Aristophanes, „Lysistrata“, ihre Premiere in Athen. Aristophanes war sich wohl – ähnlich wie Dürrenmatt – der Grenzen der klassischen Tragödie bewusst und hat deshalb den Irrsinn des Peloponnesischen Krieges als Komödie auf die Bühne gebracht. Hier konnten die athenischen Zeitzeugen die Bewältigung ihrer politischen Gegenwart in satirischer und zugleich surrealistischer Weise erleben. Denn das Publikum hat verlässlicherweise das falsche Bewusstsein, die Bewusstseinsbildung lebe auf den Brettern, die die Welt korrigieren wollen.

So wollte Aristophanes mit seiner Lysistrata, der „Heerauflöserin", die Friedenssehnsucht der Athener schüren.

So lässt der Dichter die Frauen von Hellas unter der Führung der Athenerinnen eine Art Frauenbewegung gründen, die ein höchst wirksames Mittel zur Erzwingung des Friedens zu haben meint: Alle Frauen des Landes sollen so lange in den Liebesstreik treten, bis ihre Männer bereit sind, endlich Frieden zu schließen. Die Frauen sind zwar über eine aus politischen Gründen verordnete Enthaltsamkeit nicht gerade begeistert, doch gelingt es Lysistrata durch ihre „Predigt" beziehungsweise mithilfe eines Orakelspruches ihre Geschlechtsgenossinnen zu überzeugen. Friedenspolitik scheint seltsamerweise immer metaphysische Prothesen zu brauchen. Aber wird die sexuelle Enthaltsamkeit der Frauen die Männer motivieren, Frieden zu schließen? Übrigens: Die von Aristophanes vorgesehene Kostümierung der Männer sorgte dafür, dass den Zuschauern die Not der Hellenen ständig vor Augen war: riesige Lederphalli, die den Darstellern der Männer lüstern und melancholisch zugleich vor den Bäuchen baumelten.

Leider war dem antiken Appell „Make love not war" kein Erfolg beschieden. Der Misserfolg ist auch der „Komödie" des Aristophanes treu geblieben. Von wenigen Ausnahmen abgesehen ist sie erst im 19. Jahrhundert wieder aufgeführt worden. Und wenn man sie aufgeführt hat, dann natürlich „zensurfreundlich", das heißt ohne

Lederphalli – aus „Schicklichkeitsgründen“ –, wie man Kindlers Literaturlexikon entnehmen kann.

Es scheint das Geschick der Menschheit zu sein, dass sie die Werkzeuge des Krieges „schicklicher“ auf der Weltbühne empfindet als die Werkzeuge der sexuellen Liebe. Und darum tritt Lysistrata heute erst gar nicht in den Liebesstreik, denn sie hat natürlich ihren Freud gelesen und weiß, dass einer nekrophilen Weltpolitik alle Friedensbemühungen wie ein laszives Ansinnen vorkommen müssen.

Die Religion und der Zirkus

Nein, hier geht es nicht um jene schlechte Zirkusvorstellung, die die Religion oft gibt, wenn sie längst zur puren Kirchenpolitik degeneriert ist. Mit Zirkus assoziiere man gefälligst eine positive Inszenierung, letztlich jene, die man auf Grund wissenschaftlicher Arbeit in Jerusalemer Priesterkreisen „Schöpfung“ zu nennen pflegt; eine Vorstellung, von der Gott selbst recht begeistert war: Religion verfremdet, dass ihr die Faszination erhalten bleibt – glänzend und glitzernd, Lichter in allen Regenbogenfarben, Temperament und Sensibilität. Eine Welt, von der die großen und die kleinen Kinder träumen.

Hier finden die biblischen Wunder jeden Abend statt. Da gibt es Menschen, denen man ansieht, dass Gott sie nach seinem Bild geschaffen hat: Denn sie springen, schlagen Räder, machen dreifache Saltos, fliegen durch die Luft wie die Vögel und führen wahnwitzige Jongleurkunststücke vor. Artisten, also Menschen, sportlich begabt wie die Engel, der Mensch ein potenzieller Artist?

Aber Vorsicht – Jesus ist auch nicht vom Jerusalemer Tempeldach gesprungen, als ihn der Teufel zu diesem Glaubenskunststück provozieren wollte.

Menschen und Tiere agieren im Zirkus friedlich nebeneinander wie im Paradies und in der Arche. Hunde verstehen die Menschen. Menschen verstehen Löwen und Tiger. Daniel und Daniela in der Löwengrube?

Auch der Prophet Jesaja hätte sich verstanden gefühlt – und Franz von Assisi und Albert Schweitzer sitzen inkognito am Manegenrand.

„Freiheit" heißt eine Pferdenummer. Es ist kein Zufall, dass eine Schweizerin diese Nummer vorführt: eine „calvinistische Zirkusnummer"! Religion und Freiheit gehören zusammen. Wer Menschen dressiert, ist ein Ketzer. Die Pferde tanzen den Exodus, und die Zuschauer spüren die Verlockung. Im Zirkus treten Menschen aus aller Welt in einer Manege auf. Hier gehört jeder dazu. Keiner wird ausgeschlossen, weil er so ist, wie er ist. Riesen und Liliputaner sind Partner.

Aber auch der Zirkus ist keine heile Welt. Clowns – in einem verrückt verfremdeten Priestergewand – spielen den Menschen ganz ungeniert deren Sünden vor: „Schaut nur her, so seid ihr!" Und die Zuschauer lachen „herzlich", weil sie noch nicht wissen, dass sie gemeint sind. Ein indirektes Sündenbekenntnis?

Oder frei nach Jesus: Wer über sich selbst lachen kann, dem wird vergeben. Tempo, Rhythmus, Tschinderassa und Trara – da geht es eben zu wie im Zirkus und ist doch ein harmonisches Drunter und Drüber. Hier ist die Welt so bunt, wie sie sich der Schöpfer vorgestellt hat. Droben, überm Zirkuszelt muss ein gütiger Vater thronen.

Vielleicht ist er sogar ein „allerhöchster Zirkusdirektor" und die Welt eine „riesige Zirkusvorstellung". Und die Engel applaudieren begeistert, wenn der „Chef" seine Menschen und Tiere vorführt. Wer schwach ist im Glauben, sollte schleunigst in den Zirkus gehen.

Misstrauen gegen Hundertprozentige

„Wenn man mit einem Politiker von guten Manieren und einiger Klugheit in eine Unterhaltung gerät, macht man meistens die überraschende, aber sympathische Entdeckung, dass er eigentlich gar nicht zu seiner Partei gehört." Dieser verblüffende Satz stammt von dem österreichischen Dramatiker Arthur Schnitzler.

Schnitzler hat damit etwas im besten Sinn Österreichisches ausgesprochen: nämlich die Skepsis des Österreichers gegen alle hundertprozentigen Vertreter einer bestimmten Politik, Interessengruppe oder Religion. Das geradezu grundsätzliche Misstrauen also gegen jemanden, der glaubt, imstande zu sein, seine Überzeugung und nichts als seine Überzeugung zu vertreten. Besitzer einer ausschließlichen Heilslehre – mit dem Anspruch, eine Antwort auf alle Fragen zu haben – sind vielen Österreichern unsympathisch, ja unheimlich.

Oder, wenn man Schnitzlers Ausspruch in seinen positiven Konsequenzen sehen will: Die Klugheit und Einsicht eines Menschen, der einer bestimmten Politik, Interessengruppe oder Religion angehört, besteht eben gerade darin, dass er seine eigene Überzeugung nicht absolut setzt.

Seine Klugheit zeigt sich gerade darin, dass er weiß, auf wie viele Fragen er keine Antwort hat und, dass er begriffen hat, dass die anderen ebenbürtige Denker und Praktiker haben. Oder wie der Lateiner sagen würde: Anima Austriaca naturaliter oecumenica – der Österreicher ist von Natur aus ökumenisch.

Schnitzlers Ausspruch auf die Christen angewandt müsste dann wohl lauten: Wenn man mit einem Protestanten oder Katholiken von guten Manieren und einiger Klugheit in eine Unterhaltung gerät, macht man meistens die überraschende, aber sympathische Entdeckung, dass er eigentlich gar nicht zu seiner Kirche gehört.

Auf der politischen Ebene bewahrheitet sich erfreulicherweise Schnitzlers Erkenntnis auch. Wenn man mit einem Sozialisten oder ÖVP/CDUler von guten Manieren und einiger Klugheit in eine Unterhaltung gerät, macht man meistens die überraschende, aber sympathische Entdeckung, dass er eigentlich gar nicht zu seiner Partei gehört.

Und beim Gewerkschaftsbund und der Wirtschaftskammer wird es sicher auch einige Leute von guten Manieren geben.

Wer nur allein seiner Partei, seiner Interessengruppe, seiner Kirche angehören will, wird sich wahrscheinlich über solche Sätze ärgern. Aber diese Art Ärger sollte eigentlich niemandem erspart werden.

Über die Tyrannen

Zusammen mit der ihm am Vortag angetrauten Eva Braun beging der „Führer" und Reichskanzler Adolf Hitler am 30. April 1945 im Bunker der Berliner Reichskanzlei Selbstmord. Die Leichen wurden sofort verbrannt. Als Hitlers Selbstmord in der Schweiz bekannt wurde, haben viele Reformierte den nachfolgenden Text aus dem Alten Testament, Jesaja 14, kommentarlos von den Kirchenkanzeln verlesen.

„Wie still ist der Gewaltherrscher geworden, wie ruhig ist er jetzt, der Stürmer. Gott hat den Stock des Frevlers zerbrochen, den Stecken des Tyrannen, der Völker in seinem Wüten geschlagen hat, sie geschlagen hat ohne Unterlass, der Nationen zertreten hat, zertreten hat ohne

Schonung. Jetzt hat Ruhe, hat endlich Rast die ganze Welt, ja sie bricht in Jubel aus… Wie bist du vom Himmel gefallen, strahlender Morgenstern. Wie bist du zu Boden geschmettert, du Besitzer der Völker.

Du hattest dir gesagt: ‚Zum Himmel hinauf will ich steigen, hoch über den Sternen Gottes aufrichten meinen Sitz. Dem Höchsten will ich mich gleichstellen.' Doch ins Totenreich wirst du hinuntergestürzt, tief hinab, in die Grube. Die dich sehen, schauen dich genau an und sagen: ‚Ist das der Mann, der die Erde erzittern ließ, der aus der Welt eine Wüste gemacht hat und ihre Städte zerstört hat, der seinen Gefangenen den Kerker nicht aufgeschlossen hat?' Die Könige der Völker, sie alle ruhen in Ehren, ein jeder in seiner Gruft, doch du bist hingeworfen ohne Grab wie ein zertretenes Aas. Denn du hast dein Land zugrunde gerichtet, dein eigenes Volk hast du gemordet. Vergessen werden soll der Name des Tyrannen."

Am 30. April 1945 war der Tyrann tot. Und aus war es mit den Massenmorden in den Konzentrationslagern und Gefängnissen, den Bombenangriffen, den Straßenkämpfen, der täglichen Todesgefahr. Vorbei waren die teuflische Bedrohung durch die Gestapo, die Verleumdungen und Anzeigen durch die eigenen Mitbürger und der Zusammenbruch der Hoffnung.

Am 30. April 1945 hat die Weltgeschichte selbst die Bibel ausgelegt.

Dank an Marx

In einer Zeit, in der giftiger „religiöser Weizen" – gedüngt durch allerhöchstes Wohlwollen – aus den Ritzen und Spalten ehrwürdiger Kirchenmauern hervorblüht und sich den wärmenden Strahlen einer religiös längst abgebrühten Sonne darbietet, kann schon so etwas wie eine neue Sehnsucht nach marxistischer Religionskritik aufkommen.

Für konservative Exorzisten mag es unvorstellbar sein, aber zuzeiten könnte der „Garten" nur dadurch vor der inneren Vergiftung bewahrt werden, dass man gerade in gläubigem Vertrauen „den Marx zum Gärtner macht"!

In seiner Einleitung „Zur Kritik der Hegelschen Rechtsphilosophie" hat Marx die berühmt gewordenen Sätze geschrieben: „Das religiöse Elend ist in einem der Ausdruck des wirklichen Elends und in einem die Protestaktion gegen das wirkliche Elend. Die Religion ist der Seufzer der bedrängten Kreatur, das Gemüt einer herzlosen Welt, wie sie der Geist geistloser Zustände ist. Sie ist das Opium des Volkes."

Was diesen Satz betrifft, so haben meine Kollegen im 19. Jahrhundert rot gesehen. Religion ein Opium? Dann wären ja die Pfarrer so eine Art Rauschgifthändler. Diese Unterstellung konnten sich doch die Verwalter des Christentums nicht gefallen lassen. Aber die Entrüstung der bürgerlich etablierten Kirche war im Grunde genommen das Erschrecken von Christen, die lange nicht einsehen wollten, wie beharrlich sie die ungeheure soziale Not der arbeitenden Bevölkerung zur Zeit der ersten Industrialisierung übersehen hatten. Und um Hilfe gebeten, hatten sie – von einigen Ausnahmen abgesehen – eben „Opium" angeboten, also Vertröstung auf eine Art besseres Jenseits, wo dann die Zukurzgekommenen für das irdische Jammertal entschädigt werden würden.

Verfall einer Religion: Vertröstung statt Trost! Und von diesem Herrn Marx sollte man sich das unter die Nase reiben lassen? Nicht zuletzt die Kritik von Marx aber hat den Kirchen geholfen, ihre soziale Verantwortung wieder zu entdecken. Hat er doch in Erinnerung gerufen, dass Jesus nicht ein schöneres Jenseits, sondern ein menschlicheres Diesseits gepredigt hat. Gott sei Dank erregt Marx Emotionen. Aber nur die „Rauschgifthändler" werden aggressiv, wenn ihre Ware als „Opium" bezeichnet wird.

Wer sich aber gerade am spießigen Mief verklemmter Sektenromantik berauscht, oder an buchstabenhöriger Beschränktheit, an religiös-pubertären Kinderzimmerfantasien oder organisierter masochistischer Geheimniskrämerei, hätte eigentlich ein Recht darauf, zu erfahren, dass er den Heiligen Geist längst mit seinen Verächtern verwechselt hat.

Die Moral sollte schon vor dem Fressen kommen

„Tu etwas gegen den Hunger in der Welt, und zwar rasch, wirkungsvoll und ohne viele Worte. Wer Hunger hat, will Brot. Alles andere ist, ja muss ihm egal sein!“ Solche vernünftigen Vorschläge hat der Teufel seinerzeit Jesus gemacht.

„Jesus, mach aus diesen Steinen Brot. Wenn du wirklich der Sohn Gottes bist, dann kannst du das ja.“ Wäre Jesus der teuflischen Vernunft gefolgt, wer könnte ihn schon verurteilen? Sagen doch gerade die „Heutigen“: zuerst das Brot, alles andere ist bis auf weiteres nicht so wichtig. Entwicklungshilfe ja, Entwicklungspolitik nein!

Die Antwort des „Menschensohnes“ ist überraschend, göttlich: „Nicht vom Brot allein wird der Mensch leben, sondern von jedem Wort, das aus dem Mund Gottes hervorgeht.“ Und diese Antwort gibt er in einer persönlichen Extremsituation, nach 40 Tagen Fasten, und sagt damit soviel wie: „Vom Brot allein wird der Mensch sterben.“ Wer würde es wagen, eine solche Erkenntnis von den Hungernden unserer Zeit zu verlangen? Müssten das nicht eher die Satten begreifen?

Doch die Erfahrung lehrt, dass erstaunlicherweise gerade die Armen, die Unterdrückten, die Hungernden wissen, dass der Mensch nicht vom Brot allein lebt. Eine alte Frau: „Hier im Altersheim werden wir gehalten wie kostbare Tiere, aber reden kann man mit niemandem.“

Ein Schnorrer, der 100 Schilling bekommen hat: „I kum net nur weg'n dem Schilling zu Ihna. Ich brauch' jemand, der redt mit mir, dass i gspür, dass no a Mensch bin."

„Erst kommt das Fressen, dann kommt die Moral!" sagt Brecht. Einverstanden, aber dann soll sie auch kommen; noch besser gleichzeitig. Denn meistens kommt ja nach dem Fressen das „Angefressensein".

Bevor meine Großmutter einen Laib Brot angeschnitten hat, hat sie darauf ein Kreuzzeichen gemacht. Ein starkes Symbol: Das Wort Gottes kommt nicht nach dem Brot, sondern es bestimmt schon die Brotverteilung. Denn – was ist ein Brotgeber? Die Erfahrung der Leute: Wes Brot ich esse, des Lied ich singe! Brotgeben provoziert Anbetung, Gefolgschaft, provoziert Hierarchien. Das heißt, naives Brotgeben schafft neue Abhängigkeit, neue Unterdrückung. Man ersuche doch die vielen Brotspender, einmal ihre Motive zu reflektieren.

Der Mensch lebt auch davon, dass er mitbestimmen kann: Wer seine Brotgeber sind; wie Brot hergestellt und verteilt wird; um welchen Preis es verkauft wird, oder ob man es verschenken soll. Denn Brotgeben bedingt immer politische Strukturen. Wer aber nur Brot geben kann, wird höchstens erreichen, dass die Menschen alles satt haben.

Die kleinen Behaglichkeiten in der Diktatur

Jetzt sollte man in Europa fleißig das Alte Testament lesen. Denn der Exodus des Gottesvolkes – von der Befreiung aus der Sklaverei in Ägypten bis zum „Murren“ in der Wüste – ist eine Art Lehrstück in Sachen Realismus für alle, die auch den Weg von der Diktatur in die Freiheit gegangen sind. Wer befreit worden ist, weiß der denn nach einiger Zeit überhaupt noch, wie es wirklich gewesen ist in der „Sklaverei in Ägypten“? Nach der Befreiung – so lehrt das Buch Exodus – kommt meistens das große Vergessen.

Wenn man sich jetzt erinnert, dann werden auf einmal ganz andere Dinge wichtig. Die Härte des „Wüstenlebens“ provoziert schnell eine Art „ägyptische Nostalgie“. Man erinnert sich begeistert an das ägyptische Gulasch, die „Fleischtöpfe“, an jede Menge Brot, die kostenlosen Fische, Lauch, Zwiebeln und Knoblauch – „und jetzt dieses ewige Manna, das einem schon bei den Ohren herauskommt!“ Und die „befreiten“ Frauen erinnern sich begeistert an die tollen erotischen Qualitäten der Ägypter (Ezechiel 23).

Nach der Befreiung scheint – mit einer gewissen Zwangsläufigkeit – die Enttäuschung zu kommen. „Osteuropäer über Wende enttäuscht. Die Mehrheit der Bevölkerung in Osteuropa ist über die Ergebnisse nach dem Sturz der kommunistischen Regime enttäuscht.“

Was Israel in der Wüste erlebt hat, erleben derzeit ganz Osteuropa und die Nachfolgestaaten der Sowjetunion. Und so wie für die „Wüstenwanderer“ spielt die Nahrungsmittelversorgung eine entscheidende Rolle. Und so wie in biblischen Zeiten sind auf einmal „Feldherren“ dagewesen, die bereit waren, das Volk nach „Ägypten“ zurückzuführen. Und in den Moskauer Geschäften gab es auf einmal Lachs zu kaufen! Es scheint so etwas zu geben wie die Macht der kleinen Behaglichkeiten in der Diktatur. Und wehe, diese kleinen Behaglichkeiten gehen verloren, schon heißt es eruptiv: „Das hätte es unter dem Pharao nicht gegeben.“ Der Verlust der kleinen Behaglichkeiten schafft einen Trennungsschmerz, der Angst macht und zugleich eine makabre Anhänglichkeit an alles bewirkt, was eigentlich Wiederversklavung wäre. Das Exoduslehrstück könnte vielleicht das „Murren in der Wüste“ als Stufe der Befreiung zeigen und Mut machen, auf Bilderbuchvorstellungen über das Leben in der Freiheit zu verzichten. Denn die Befreiung ist eher ein langwieriger Prozess, eine Entwicklung mit Rückschlägen, mit viel altem Ungeist mitten im neuen Leben.

Heute bin ich schwarz

Heute bin ich schwarz: schwarz wie die Nacht, die Finsternis und der Schatten; schwarz wie der Abgrund, die Tiefe, der Tod, schwarz wie die schwarze Magie, der Schwarzhandel, das schwarze Loch.

Heute bin ich schwarz: schwarz wie die Tollkirsche, das schwarze Schaf, der schwarze Peter, schwarz wie der Panther, die Katze, der Rabe, schwarz wie die Schwarzarbeiter, die Schwarzkünstler, die Lava.

Heute bin ich schwarz. Ich habe schwarze Augen und schwarze Ränder unter den Augen, schwarze Haare und schwarze Fingernägel. Meine Zähne sind schwarz geworden vom Beißen des Verbrannten. Meine Seele ist schwarz wie Asche oder wartet sie nur auf ihre Wiedergeburt? Schwarz ist das Nichts, das Sterben, die Trauer. Schwarz ist eine Farbe, die Erwachsene mögen. Schwarz ist der Humor, gut verdientes Geld, das Unbewusste. Was man schwarz auf weiß besitzt, kann man getrost nach Hause tragen. Aber was macht man dann damit?

Schwarze Geschichten gibt es viele, von der Schwarz-Weiß-Malerei bis zu den Höllenhunden.

Eine rassistische Legende: Gott hat die Weißen zu seinem Ebenbild geschaffen. Die Schwarzen sind entstanden, als der Teufel Gott imitiert hat.

Ohne Schwarz keine Religion, kein Christentum. Schwarz sind die Künste, Praktiken und Messen des

Teufels. Schwarz ist der Verzicht. Die Kleidung der Mönche und Nonnen ist häufig schwarz. Schwarz ist die Farbe bei festlich ernsten Anlässen, bei denen absolute Werte gesetzt und vertreten werden. Schwarz kleiden sich auch Pfarrerinnen, Professorinnen und Richterinnen. Schwarz riecht nach Friedhof. „Schwarz wie Ebenholz" war nicht nur Schneewittchen, sondern auch König Davids Geliebte. Schwarz sind alle, die auf Erlösung warten. „Ihnen wird ein großes Licht aufgehen", sagt der Prophet Jesaja.

Schwarz hat viele Nuancen: von dunkelgrau bis tiefschwarz – kohlschwarz – merkelschwarz – stoiberschwarz – schwarz wie ein Rauchfangkehrer. Nicht jeder Glücksbringer ist schwarz.

Heute werde ich schwarz: nicht, weil man mich so lange warten lässt. Ich bin traurig und voller Ahnungen, weil schwarz vermummte Gestalten auf schwarzen Pferden über die Welt reiten – apocalypse now? Oder ist die Schwarzseherei nur eine üble Gewohnheit?

Heute bin ich schwarz. Und ich lache, wenn schwarze Käfer auf narrischen Kastanienbäumen sitzen und „Erst wann's aus wird sein" singen. Ein pensionierter Rabe erklärt mir freundlich die Welträtsel. Und beinahe hätte ich ihn verstanden.

Ich fühle mich schwarz, weil ich heute schwarz bin.

Sonne, gelb und Religion

Heute bin ich gelb. Gelb wie das Sonnenlicht, Gold, der Mond und die Sterne. Gelb wie Eidotter, ein Kanarienvogel, ein Löwe. Gelb wie die Wespen, ein Sandsturm, Eiter und Harn. Gelb wie die Galle, Reptilien und giftige Blüten.

Heute bin ich gelb: Ich habe gelbe Wangen, gelbe Augen, eine gelbe Haut. Meine Zähne und Fingernägel sind gelb. Meine Knie sind gelb geworden in dieser Zeit. Ich sehe gelb. Meine Seele brennt wie die Sonne. Gelb ist die Ernte, die Aktivität, das Licht. Gelb ist die Eifersucht, der Neid, Krankheit und Tod.

Gelb ist der Leichtsinn, die Aufregung, ein Ausflug in den Wahnsinn. Alles gelb Gewordene kennt keine Grenzen, will schreien, spottet über jede Berechnung.

Gelbe Geschichten gibt es viele: von der Sonnenblume, die sich für die Sonne gehalten hat, bis zum Schwefelgestank in der Hölle.

Gelbe Geschichten zeigen die Schande der Menschheit. Alle, die man zu Sündenböcken gemacht hat, mussten ein gelbes Zeichen tragen: die Frau des Henkers, die Huren, Juden, Protestanten und andere Ketzer.

Ohne Gelb keine Religion. Ohne Gelb kein Christentum. Die gelbe Sonne wurde in allen Religionen zur Gottheit gemacht. Auch Christus trägt einen leuchtenden Strahlenkranz. Er ist das „Licht der Welt". Biblische Psalmen preisen Gott, der sich mit der Sonne bekleidet hat.

Die Sonne ist das religiöse Symbol für den Herrscher und für die Revolutionäre. Sonne ist das religiöse Symbol für die Gegner der Atomkraftwerke und ihre „arglosen“ Betreiber.

Jesus verdankt seine Bergpredigt der Sonne. Denn die Sonne macht keinen Unterschied zwischen den Menschen und bescheint Gut und Böse. Vielleicht wird das Weltende gelb sein. Denn die Sonne macht aus den Sünden der Menschen Ozon und wird uns vielleicht dadurch ersticken. Gelb hat viele Nuancen: hellgelb, zitronengelb, gelb wie die Berufsvergifter, giftgelb wie die Ozonverbrecher, gelb wie der Neid der Wohlstandsganoven. Wer nennt die Menschen? Man erkennt sie an ihrer Farbe?

Heute werde ich gelb, weil ich diese Farbe spüre wie mein reformierter Glaubensbruder Van Gogh. Ich spüre die Hitze, die Sonnenblumen, das Korn, Licht. Oder könnte es auch eine Gelbsucht der Seele sein, Wahnsinn?

Heute bin ich gelb: Ich gehe über gelbe Wiesen, durch gelbe Wälder. Ich steige auf den großen gelben Turm und will die Sonne einfangen. Aber ich kann nicht, weil ich kein gelbes Netz habe. Sonnenstrahlen lachen mich aus, aber ich verstehe ihre gelben Worte nicht. Ich fühle mich gelb.

Rotes Lied

Ich werde rot. Rot wie Blut, Feuer und Glut – und die Rose. Rot wie ein Sonnenuntergang, ein Ziegeldach, ein Lippenstift. Rot wie ein Blitz, eine Verkehrsampel, die roten Brigaden.

Ich werde rot. Rot wie eine Kirsche, eine Himbeere, ein Apfel. Rot wie eine rote Fahne, ein roter Stern, das Rote Kreuz.

Rot wie Rotwein, ein Rotstift und Rotkäppchen.

Heute bin ich rot. Ich habe rote Wangen, rote Augen, rote Lippen. Ich habe rote Ohren, eine rote Nase, rotes Haar. Meine Füße sind rot angelaufen, ich sehe rot, meine Seele brennt wie Feuer.

Rot ist die Liebe, alles Leibliche und Irdische, die Mutter. Rot ist die Lieblingsfarbe der Kinder bis zum neunten Lebensjahr.

Rot ist die Farbe des Gesichts, des Krieges und der Ketzerverbrennung. Alle Göttinnen und Hexen sind rot, alle Opfer sind rot, die Sünde und der Vulkan.

Rote Geschichten gibt es viele: vom Rotkäppchen bis zur Revolution. Christen und Juden glauben an einen Gott, der sein auserwähltes Volk durchs Rote Meer geführt hat.

Ohne Rot gibt es keine Religion. Ohne Rot kein Christentum. Glühende Engel haben Jesaja zum Propheten gemacht. In einem feurigen Wagen ist Elia in den Himmel gefahren. Rot ist der Teufel, der Satan, alles

Diabolische. Und der Teufel ist der Herr aller kleinkarierten, rachsüchtigen Frommen. Rot ist das Blut Christi, manche Christen trinken es täglich – Feministinnen ziehen das Blut der Maria vor. Rot waren die feurigen Zungen, die zu Pfingsten an den ersten Aposteln geleckt haben. Rot ist die Blutspur der Märtyrer durch die Geschichte.

Heute werde ich rot, weil mir schrecklich heiß ist, weil ich glühe vor Erregung, weil meine Wut heraus muss, weil mich die Visionen schütteln. Alles rund um mich fängt rot zu leuchten an. Ich gehe durch den roten Schnee, setze mich in ein rotes Kaffeehaus, ein roter Ober bringt mir rote Schlagsahne auf dem roten Kaffee. Aber ich verstehe seine roten Worte nicht, weil ein roter Pianist ein rotes Lied spielt.
Und ich bin rot.

Das „Cowboy-Amt" der Geistlichen

Seit Jahrtausenden wird der Beruf des Priesters und des Bischofs gern mit dem Beruf des Hirten verglichen. Und da dieser Vergleich uralt ist und kaum noch irgendwo ein echter Hirt im ursprünglichen Sinn zu sehen ist, denken die meisten Menschen, wenn sie „Hirt" hören, gleich an Pfarrer und Bischöfe.

Dass die geistliche Tätigkeit von Männern – in den evangelischen Kirchen auch von Frauen – „Hirtenamt",

„Hirtinnenamt“ genannt wird, regt niemanden mehr auf. Dabei ist „Hirt“ ein sehr anstößiges Bild für einen Geistlichen. Man braucht nur das Wort durch „Cowboy“ zu ersetzen, und statt „Hirtenamt“ frech „Cowboy-Amt“ zu sagen, das ist fast schon eine Lästerung.

„Cowboy“ riecht nach Schweiß und Hitze, schmeckt nach Staub, erinnert an Durst und Einsamkeit. Jeder Wildwestfilm zeigt Männer, die dieses schwere Hirtenamt ausüben. Zart besaitete Gemüter irritiert natürlich, dass der „Cowboy“ auch an Saloon, Western-Musik, Saufen, Kartenspiel und Raufereien erinnert. Nur, Hirten in biblischen Zeiten waren auch raue, lärmende Burschen und nicht besonders geachtet. Und gerade in biblischen Zeiten benennt Gott selber seine Tätigkeit mit einem so anrüchigen, anstößigen Wort wie „Hirt“: Wenn sich ein Schaf verirrt, sucht er es oft tagelang. Und er führt seine „Schafe“ auf die fettesten Weiden. Verwundete Tiere wird er verbinden, die Starken weiter ermutigen.

In dieser Tradition nennt sich Jesus einen „guten Cowboy“. Er wird mit dem Wolf kämpfen und, wenn es sein muss, sein Leben geben. Er wird sie nicht wie „blöde Schafe“ behandeln, sie nicht schlagen oder erschrecken. Er wird sie zu nichts zwingen, nicht einmal zur Wahrheit. Aber die Schafe werden ihm nachlaufen, weil sie seine Stimme kennen und ihm vertrauen.

Und darum muss sich jeder Hirte von seinem göttlichen „Oberhirten“ mahnen lassen: „Wehe den Hirten, die sich selbst geweidet haben. Die Milch genießt ihr, mit der Wolle bekleidet ihr euch, die gemästeten Tiere schlachtet ihr. Ich werde euch meine Schafe wegnehmen." (Ezechiel 34)

Wenn man wissen will, ob ein „Hirte" wirklich für seine „Schafe" da ist, dann versuche man ihn doch einmal ganz ungeniert biblisch einen „Cowboy" zu nennen.

Sie lassen sich ihre Unglückspropheten etwas kosten

Eigentlich ist es eine uralte Geschichte, aber solche „Urgeschichten" sind erstaunlich oft gleichnishaft: Der mächtige Großkönig Belsazar gab in Babylon ein Festmahl für die Großen seines Reiches. Da wurde nicht nur Pracht und Luxus entfaltet, es ging auch bald in jeder Hinsicht hoch her. Schließlich ließ der König in seinem Übermut die goldenen Gefäße bringen, die seine Soldaten aus dem Tempel in Jerusalem geraubt hatten. Rasch war eingeschenkt und niemand konnte den König daran hindern, seinen höchst profanen Durst aus den heiligen Gefäßen zu stillen.

Doch da passierte etwas Gespenstisches. Auf der Wand des Festsaals war plötzlich eine Hand zu sehen. Und diese Hand schrieb die Worte „Mene, Tekel, Upharsin" an die Wand. Niemand konnte den Sinn dieser geheimnisvollen Worte finden.

Nur der jüdische Prophet Daniel konnte dem König Auskunft geben. „Mene, das heißt: Gott hat die Tage deines Königtums gezählt. Tekel, das heißt: Du bist gewogen und zu leicht befunden worden. Pheres, das heißt: Dein Reich wird den Persern und Medern gegeben werden!"

Hatten alle Anwesenden jetzt geglaubt, der König würde den Unglückspropheten bestrafen, vielleicht sogar töten lassen, so mussten sie zur Kenntnis nehmen, dass der König ihn reich belohnte. Er wurde mit Purpur bekleidet, bekam eine goldene Kette und wurde zu einem leitenden Regierungsbeamten ernannt. Seine Politik hat Belsazar allerdings nicht geändert – und er hat Reich und Leben an die Perser verloren.

Eine alte babylonische Geschichte, aber irgendwie scheint sich diese Geschichte zu wiederholen. Die Mächtigen dieser Welt – ganz unabhängig davon, wie sie zur Macht gekommen sind – machen es, scheint's, genauso wie der König Belsazar. Was lassen sie nicht alles durch ihre Handlanger herbeischaffen, um ihren Machtdurst zu stillen. Und nichts ist ihnen heilig von dem, was ihnen eigentlich heilig sein sollte, weil es die Grundlage des menschlichen, tierischen und pflanzlichen Lebens bildet.

Dann geschieht viel Unvorhergesehenes. Und sie erschrecken über die Ereignisse, die sie sich nicht erklären können. Und sie bemühen sich um den Rat der Experten. Aber sie scheren sich genauso wenig um die Kritik der Fachleute wie ihr antikes Vorbild. Und wie der König Belsazar, so lassen auch sie sich ihre

Unglückspropheten etwas kosten. Und sie geben ihnen Lehrkanzeln, goldene Ketten, ja vielleicht sogar Ministerposten.

Werden sie ihre Macht oder ihr politisches Mandat genauso verlieren wie der König im alten Babylon?

König Hiskia in Tokio

Fast 2700 Jahre ist es her, seit Jesaja, ein Prophet, Hiskia, den König von Juda, öffentlich zur Rede gestellt hat. Denn Hiskia war drauf und dran, sich in eine militärische Koalition gegen das assyrische Reich hineinziehen zu lassen. Seine Verhandlungspartner waren Delegierte aus Babylon. Jesaja hatte sicher eine hohe Stellung bei Hofe, trotzdem war es ein Zeichen prophetischer Kühnheit, den König offen zur Rede zu stellen. Ja, der Prophet führt mit dem König ein geradezu unerbittliches Verhör. Fazit: König, du führst dein Land ins Verderben.

Wem ist aber eine solche Rolle zuzumuten wie Jesaja? Ist das eine Rolle für die großen Einzelgänger wie die Propheten, Jesus, Heilige und Märtyrer, Ketzer und Reformatoren, und ihre Nachfolger heute? Und was ist mit allen anderen? Sind sie feig, wollen sie nichts riskieren? Und für den Ernstfall hoffen sie, dass sich die großen Probleme auf wunderbare Weise wie von selbst lösen werden?

Oder hat jetzt eine neue Zeit begonnen? Kommt es endlich zur Demokratisierung der Prophetie? Also entdeckt jeder seine prophetischen Kräfte. Kommt es endlich zur Demokratisierung der Revolution? Also entdeckt jeder seine revolutionären Kräfte, seine Widerstandskräfte. Kommt es endlich zur Demokratisierung der Verantwortung? Also erkennt jeder Mensch, dass auch er Verantwortung für das Ganze übernehmen kann. Aber wem soll man böse sein, wenn er da nicht mittut? Schließlich hat ja auch ein König wie Hiskia versagt und sein Land zugrunde gerichtet. Und Generationen haben unter seiner Schuld gelitten.

Hiskia hat ein Verhalten praktiziert, vielleicht sogar erfunden, das bis heute großes Unheil anrichtet, ja ins Verderben führt. Nämlich: Er bezweifelt nicht die Unheilsprophezeiung eines Jesaja, aber insgeheim denkt er sich: „Wenn nur Frieden und Sicherheit herrscht, solange ich lebe!“ Dieses Verhalten ist eine Erkrankung der Verantwortungsfähigkeit, die bereits epidemisch verbreitet ist.

Heutzutage spielt sich das so ab: Die Unheilsbotschaft lautet „Der Wald stirbt“. Reaktion I.: „Das ist wahr“ – und sich insgeheim zu denken: „Hoffentlich gibt es den Wald noch, solange ich lebe.“ Reaktion II.: Daher nichts gegen das Waldsterben tun und es dadurch beschleunigen. Dieses Verhaltensmuster ist eindeutig katastrophenfördernd. Natürlich ist keiner für die Zerstörung der Schöpfung, aber insgeheim denkt er sich: „Wenn nur in meiner Lebenszeit die Luft, das Wasser et cetera noch halbwegs ..., dann bin ich beruhigt."

Dieser „Kompromiss" ist selbstmörderisch, aber in „herrschenden Kreisen" derzeit bevorzugte Ideologie. König Hiskia hätte beim Klimagipfel sicher neben Präsident Bush gesessen.

Neue Schimpfwörter

Schimpfwörter findet man kaum in Sprachlehrbüchern. Auch in vielen „keuschen" Wörterbüchern wird man sie vergeblich suchen. Das ist eigentlich schade, denn Schimpfwörter sind typisch für ein Volk, typisch auch für bestimmte Menschen.

Was sagen denn die Leute, wenn sie einander beschimpfen? Die Deutschsprachigen bevorzugen anales Vokabular, also alles, was mit dem Gelingen des Ausscheidungsvorganges und dessen Produkten zu tun hat. Aber nicht: „Verweigere deine Gaben, zögernder Popo!" Und wie das Götzzitat zeigt, kommt deutsches Schimpfen ohne Klopapier aus.

Italiener und Ungarn schimpfen gern genital, das heißt, ihr sehr reichhaltiges Schimpfmaterial kommt aus dem sexuellen Bereich – übrigens: leicht gezuckert mit ein paar Blasphemien, also religiösen Beschimpfungen.

Aber wer hindert die Leute eigentlich, ihre eigenen Schimpfwörter zu erfinden oder zusammenzusuchen. Hier ist nach wie vor die Wiener Originalität vorbildlich. Wie Wiener und Wienerinnen einander halt so nennen – alphabetisch geordnet:

Angstmeier – Babbler – Crepierl – Dachinierer,
Einiraunzer – Fadian – Gankerl – Hallawachel,
Individium – Jeierer – Konfusionsrat – Lullatsch,
Meckerer – Nigel – Ohrwaschelkaktus – Quargelritter,
Rawutzel – Sackelpicker – Trantsch,
Untam – Wadelbeisser – Zwidawurzen.

Also man lasse sich anstecken, wie wär's mit Schimpfwörtern aus dem Sport? So a verpatzter Rittberger, du verwackeltes Zielfoto, du abgestürzter Schanzenraudi, du verschepperter Libero, du akademischer Ballschani, du hatscherter Turniertänzer; wirfs Handtuch mit deine sechs blauen Augen.

Oder wie wär's mit Schimpfwörtern aus dem Alkoholgeschäft? Du zusammengepantschter Chianti, du aufzuckerte Spätlese, so a damische Reblaus; na wart nur, du Fuseldiskonter; du bist a so a falsches Tröpferl, des im Labaratorium auf die Welt kommen is.

Oder ein wenig meteorologisch schimpfen? Du lästiges Islandtief; sibirische Kälte, putinische; du verlorengegangener Sonnenschein; so a ausbliebenes Azorenhoch; du ewige Alpennordseite; dein Charakter ist auch wechselnd bis wolkig.

Oder ganz brandneu – Computerschimpfen:

Du abgestürzter PC, du gelöschte Diskette, du hinige Hardware, du abgeschaltetes ROM – a so a uncompatible Software, dei Speicherkapazität kannst vergessen, deinen Drucker hat die Maus gefressen.

Vielleicht sollten sie ihre gewohnten Schimpfwörter einmal einer sorgfältigen Überprüfung unterziehen.

Von der Heuchelei und Käuflichkeit der Geistlichen

Seit die Schmeichler in Sang und Klang sind, ist die Leichtfertigkeit eine Freundlichkeit, der Zorn ein Ernst, der Diebstahl eine Wirtschaft, die Schmeichelei eine Politik, die Unzucht eine Vertraulichkeit, der Stolz eine Mode, der Teufel ein Engel geworden.

Seit die Schmeichler in Sang und Klang sind, ist die Perücke eine Zweitfrisur, die Putzfrau eine Raumpflegerin, sind die Alten Senioren, die Huren Prostituierte, ist der Arme ein Unterprivilegierter, der Judenhasser ein Antisemit, der Krieg ein bewaffneter Konflikt.

Steigen die Preise ins Unermessliche, so nennen das die hohen Herren eine „Preisbereinigung auf der Verbraucherstufe“. Wird jemandem sein Schrebergärtchen weggenommen, so heißt das offiziell „Änderung der

Verfügungsgewalt zugunsten der Gesellschaft". Saubere Gesellen sind das.

Solange ein Prediger eine schöne, mit Fabeln und sinnreichen Sprüchen gespickte Predigt hält, da ist jedermann gut Freund. Vivat der Pater Prediger! Wenn er aber anfängt, großen Herren die Wahrheit zu sagen, wenn er anfängt, den hohen Ministern und Räten zu predigen, dass sie lernen sollen, bis drei zu zählen, so bringen ihm solche Wörter lauter Schwerter.

Wenn er die Wahrheit den Frauenzimmern sagt, dass sie wie eine Glocke sind, die 24 Stunden läutet, dann wird seine Kirche bald leer sein wie die Börse eines Schnorrers.

Wenn er die Wahrheit den Autofahrern sagt, dass sie die Luft verpesten, dann wird die Kirche bald nur mehr Haus für alte Weiber sein. Wenn er die Wahrheit den Steuerhinterziehern sagt, dass sie kein Kavaliersdelikt begehen, sondern einfach Betrüger sind, wenn er die Wahrheit den Einheimischen in puncto Ausländern sagt, dass „das Boot noch nicht voll ist", so bringt ihm so ein Sagen lauter Klagen.

Wenn der Prediger den Geistlichen die Wahrheit predigt, dass sie oft wie die Glocken sind, die die anderen in die Kirche läuten, sie selbst aber bleiben draußen. Dass sie oft wie die Zimmerleute des Noah sind, die den anderen die Arche gebaut haben, dass sie sich retten, sie selbst aber sind zugrunde gegangen. Dass viele Geistliche wie die Nachteulen sind, die das Öl mitten in der Nacht aus den Lampen aussaufen, sich von der Kirche erhalten lassen, aber sonst zu nichts nutz sind, dann werden ihn die Kollegen bald auffressen.

Wenn der Prediger die Wahrheit den Spießbürgern sagt, dass ihre Kleinkariertheit nichts mehr mit dem Christentum zu tun hat, dann wird er bald wie ein abgebrochener Jahrmarkt ausschauen.

Wenn der Prediger solche Strafpredigten hält, so wird sein Auditorium bald Schwindsucht leiden und die Kirchenstühle werden bald nur mehr Quartiere für die Kirchenmäuse sein. Die Menschen haben sich eben seit Pater Abraham a Sancta Claras Zeiten nicht geändert.

Und da soll ein Prediger die Wahrheit sagen.

Gott spricht deutsch

Als die deutschen Sprachkenntnisse bei den deutschen Auswanderern in Kalifornien schon sehr schlecht geworden waren, erwog man, auch den Gottesdienst in englischer Sprache abzuhalten. Was die Predigt betrifft, so ergab das keine Probleme. Nur mit der Bibel – sollte man denn gegen alter Väter Sitte die Heilige Schrift englisch lesen?

Nach langem Streit einigte man sich schließlich auf folgenden Kompromiss: Die Bibel wurde zwar in englischer Übersetzung gelesen, aber: Wo Gott selbst sprach, da tat er es weiter auf Deutsch. 1. Mose 3,8-24 bekam also die Gemeinde so zu hören: „And they heard the sound of the Lord God walking in the cool of the day, and the man and his wife hid themselves from the presence of the Lord God among the trees of the garden. But the Lord God called to the man, and said to him: ‚Wo bist du?' And he said: ‚I heard the sound of thee in the garden, and I was afraid, because I was naked; and I hid myself.' He said: ‚Wer hat dir gesagt, dass du nackt bist? Hast du etwa von dem Baum gegessen, von dem ich dir zu essen verboten habe?' The man said: ‚The woman whom thou gavest to be with me, she gave me fruit of the tree, and I ate.' Then the Lord God said to the woman: ‚Was hast du da getan?' The woman said: ‚The serpent beguiled me, and I ate.' The Lord God said to the serpent: ‚Weil du das getan hast, bist du verflucht vor allem Vieh … auf deinem Bauche sollst du kriechen und Staub fressen dein Leben lang. Und ich will Feindschaft setzen zwischen dir und dem Weibe und zwischen deinem Nachwuchs und ihrem Nachwuchs …' To the woman he said: ‚Ich will dir viel Beschwerden machen in deiner Schwangerschaft …' And to Adam he said: ‚…. Im Schweiße deines Angesichts sollst du dein Brot essen, bis du wieder zur Erde kehrst, von der du genommen bist. Denn Erde bist du und zur Erde musst du zurück.' The man called his wife's name Eve, because she was the mother of all living. And the Lord made for Adam and for his wife garments of skins, and clothed them. Then the Lord God said: ‚Siehe, der

Mensch ist geworden wie unsereiner, dass er weiß, was gut und böse ist. Nun aber, dass er nur nicht seine Hand ausstrecke und auch von dem Baume des Lebens breche und ewig lebe...'"

Übereifrige werden vielleicht hinter dem „deutschsprechenden Gott" eine Art religiös motivierten Rassismus vermuten, aber man sollte mit den frommen Auswanderern nicht zu streng ins Gericht gehen: Schließlich war man in Europa jahrhundertelang überzeugt, dass man mit Gott nur lateinisch „sprechen" kann.

Mit 50 fürs Fernsehen gestorben?

Das munter-tüchtige Völkchen der Germanen ist immer noch für eine wirtschaftliche Sensationsmeldung gut. „Deutsches Privat-TV will nicht mehr für Seher über 50 senden" drohen die Schlagzeilen, dass die Satellitenschüsseln erzittern und einschlägige Kabel nur mehr zögernd deutsche Privat-TV-Ware ins Altersheim liefern.

RTL und SAT 1, die beiden großen deutschen Privatsender, wollen es angeblich amerikanischen Stationen nachmachen: „Sie schmeißen gnadenlos jene Programme hinaus, die ein mehrheitlich über 50 Jahre altes Publikum anziehen" (Kurier). Allein das schon eine schreckliche Drohung! Man stelle sich vor, RTL und SAT 1 üben fürderhin keine Gnade mehr, nichts mehr wird aus Gnade gesendet werden.

Hat schon vor Monaten der Präsident der FOX Broadcasting erklärt: „Wir brauchen keinen einzigen Zuschauer über 50, um eine gesunde Programmfinanzierung zu gewährleisten", so will der Chef von RTL natürlich nicht weniger clever sein: „Musiksendungen, die ein Publikum über 50 ansprechen, sind wirtschaftlich uninteressant."

Schau, schau – die Herren „Rattenfänger" haben auf einmal ihre „Philosophie" geändert. Die hohe Einschaltziffer ist tot, es lebe die kaufkräftige jüngere Seherschaft, die sich noch von der Werbung – jedenfalls nach Meinung der Werbefachleute – beeinflussen lässt.

Was für eine Erkenntnis! Mit einem Satz werden die jugendlichen Seher und Seherinnen beleidigt – hält man sie doch für eine leichte Werbebeute ob ihrer leichten Beeinflussbarkeit und verlässlich unkritischen Kauflust – und resigniert offensichtlich vor dem eher kritischen Käuferbewusstsein reiferer Leute.

Darum besteht auch kein Grund dazu, in der angekündigten „Programmphilosophie" einen weiteren Anschlag auf die Würde älterer Menschen zu sehen. Im Gegenteil, es klingt fast nach einem impliziten Kompliment. „Mal sehen, wie es vor Ort läuft!" Wer die Einschaltziffern nicht geschafft zu haben scheint, wird wohl auch seine liebe Not mit den kaufkräftigen Jungsehern haben. Und – o unvermutete Werbeaskese –

auf das Geld der Höchstverdiener will man wohl verzichten!

Ärgerlich ist nur die Selbstverständlichkeit, mit der Programmmacher annehmen, dass Leute über 50 die Hauptkonsumenten ihrer vertrottelten Sendungen seien. Oder sollten die Produzenten von sich selbst auf ihre Konsumenten geschlossen haben?

Über den längeren Atem

Wen hat der Wiener Stephansdom noch nicht fasziniert? Aber noch mehr beeindrucken die Menschen, die sich vor Jahrhunderten entschlossen haben, dieses große Haus zu bauen. Der Bauherr, ein Erzherzog, entschließt sich, eine Kirche zu bauen, die er nie fertig sehen wird. Und trotzdem will er sie bauen. Und dann wird es 300 Jahre dauern. Und unserer Generation geht oft schon nach 20 Jahren Bauzeit die Luft aus.

Die Künstler und Arbeiter – sie arbeiten an einem Projekt, das sie nicht vollenden werden. Sie werden sterben, und diese Kirche wird immer noch eine Baustelle sein. Und trotzdem – sie haben Freude an ihrer Arbeit.

Die Zeitgenossen, die Zuschauer – man verspricht ihnen eine Kirche, in die sie nie gehen werden. Glauben sie an dieses Wunderwerk? Freuen sie sich auf diese Kirche über den Tod hinaus? Oder meinen sie längst zu wissen: „Das wird nie fertig! Ihr werdet es schon sehen." Und das Teuflische dabei ist: Das werden sie wirklich sehen, werden sie doch ein Leben lang an einer Baustelle vorbeigehen.

Und darum ist der Stephansdom ein steinernes Gleichnis für den großen, den längeren Atem. Die Botschaft des Domes: Es geht nicht alles auf einmal. Finde deinen Anteil an einem Werk, das in jeder Hinsicht über dich hinausreicht. Befreie dich von der Illusion, dass alles sofort gehen müsste. Und wenn man nicht alles sofort durchsetzen kann, dann lässt man es eben oder erzwingt es. Man unterschätze nicht die Gewalttätigkeit, die in den Herzen der Idealisten lauert.

Wahrscheinlich wird die jetzige Generation nicht den ungeteilten Weltfrieden erleben. Aber trotzdem ist es wohl ihre Aufgabe, die Grundlagen für den Weltfrieden zu schaffen. Wahrscheinlich wird die jetzige Generation nicht die völlig saubere Umwelt erleben. Aber sie muss wohl die Voraussetzungen dafür entwickeln und erkämpfen.

Wahrscheinlich wird die jetzige Generation noch nicht das Ende des Hungers erleben. Aber gerade sie muss wohl an einem neuen Wirtschaftssystem jenseits der alten Ideologien arbeiten. Wahrscheinlich wird die jetzige Generation noch nicht das Ende jedes Rassismus erleben, trotzdem muss gerade sie den politischen Neubau der Welt angehen.

Wahrscheinlich wird die jetzige Generation noch nicht die vollendete Ökumene erleben, aber gerade deshalb muss sie sich weiter mit den unbiblischen Konkretionen aller Kirchen auseinander setzen.

Wer den größeren Atem hat, wird diese Welt bestimmt ein wesentliches Stück weiterbringen, die ideologischen Hektiker haben ihr höchstens „die Haxen ausgerissen".

Outfit für den Glauben

Ein Kleid gefällig, etwas Passendes zum Anziehen, etwas, womit man sich zeigen kann? Denn die Zeiten des Paradieses sind vorbei, nackt allein genügt nicht mehr.

Warum? Nein, nicht aus „Geschamigkeit". Man sehe sich ein paar Stunden lang Nackerte an. Nichts ist trauriger als eine Anhäufung von Bäuchen, Hintern und Krampfadern. Da spürt man direkt den Schrei nach Gewand, nach Kultur.

Ein Feigenblatt gefällig? Oder etwas Solides? Ein Fellschurz aus der göttlichen Manufaktur, für Adam und Eva, dass sie nicht frieren jenseits von Eden. Was für ein Fortschritt, vom Fellschurz zum Brautkleid von Dior, und drin steckt immer noch die gleiche nackte Eva.

Ein kompliziertes Kleid gefällig, Textilien mit Bedeutung? Zum Beispiel ein Hemdchen mit Krokodil, also der Königshieroglyphe. So etwas hat Pharao getragen, als Mose zur Audienz kam. Pomeisl und Clinton im Pharaonenlook? Also ein Kleid mit Bedeutung gefällig. Die nächste Benetton-Kreation kommt bestimmt.

Und wenn man Paulus heißt und ein Apostel ist, dann bringt man auch den Glauben ins Outfit. Für die Herren vom Kameradschaftsbund eine „göttliche Waffenrüstung" gefällig? Laut Katalog: der Gürtel der Wahrheit, der Panzer der Gerechtigkeit, die Schuhe der Bereitschaft für das Evangelium, der Schild des Glaubens, der Helm des Heils, das Schwert des Geistes.

Warum denn nicht, schließlich hat sich auch das Böse in Schale geworfen und den Fluch angezogen wie ein Kleid: die Unterhose der Vergewaltigung, das Unterhemd der Machos, das Hemd der Heuchelei und die Krawatte der Ideologie; dazu das Sakko der Ausbeutung und die Hose der Menschenverachtung, die Schuhe der Unterdrückung und den Mantel der Verharmlosung, den Hut der Lüge und die Handschuhe des Betrugs. Wer sich kleidet, verrät sich.

Nein, die Bluejeans der Lässigkeit genügen nicht, auch nicht das T-Shirt des Aussteigens und das Parfüm der Selbstverwirklichung. Man kleide vielmehr seine Haut mit Empfindsamkeit, seine Ohren mit Erbarmen, seine Augen mit Widerstand, seine Zunge mit Protest, seine Nase mit Kritik, seine Hände mit Liebe, seine Füße mit Hoffnung und seinen Kopf mit Utopien, seine Stirne mit Alternativen, seinen Nabel mit Schönheit und seinen Hintern mit Geduld.

Und der Seele könnte vielleicht der Glaube passen.

Homosexuell mit der Bibel

Vor einigen Monaten wollten Homosexuelle – Frauen und Männer – in Wien einen ökumenischen Gottesdienst veranstalten. Und so hat man der Reihe nach bei verschiedenen Wiener Kirchen angefragt. Das Ergebnis war: Überall hinausgeworfen. Die refrainartige Antwort: „Bei uns nicht!" Darauf die obdachlosen Veranstalter: „Wieso eigentlich? Viele von uns sind doch überzeugte Christen." Und die frommen Hinauswerfer – in schön ökumenischer Eintracht: „Das ist schön und gut, aber ihr seid eben auch homosexuell!"

Schließlich haben sie Unterschlupf in der evangelisch-reformierten Kirche in der Wiener Dorotheergasse gefunden, mit Billigung und Beschluss des Presbyteriums, also der „Pfarrgemeinderegierung".

Wieso war das gerade hier möglich? Natürlich hat es heftige Diskussionen gegeben. Was sagt eigentlich der christliche Glaube zur Homosexualität? Und noch spezieller gefragt: Was sagt eigentlich die Bibel zu dieser Spielart menschlichen Lebens? Kommt Homosexualität überhaupt in der Bibel vor? Das Alte Testament lässt da nichts an Deutlichkeit zu wünschen übrig: „Wenn einer bei einem Mann liegt, wie man bei einer Frau liegt, so haben beide einen Gräuel verübt. Sie sollen getötet werden. Ihr Blut komme über sie." (3. Mose 20,13)

Da sage noch einmal jemand, die Bibel enthielte keine klaren Anweisungen. Man bräuchte sie nur noch zu befolgen.

Nur, müsste man dann nicht auch mit allen anderen Sätzen genauso verfahren? Etwa: „Eine Frau soll nicht Männersachen tragen und ein Mann soll nicht Frauenkleider anziehen, denn wer das tut, der ist dem Herrn, deinem Gott, ein Gräuel." (5. Mose 22,5) Und, gibt es nicht im Alten Testament die Polygamie als eine selbstverständliche Rechtsform?

Aber vielleicht sollte man besser mit dem Neuen Testament argumentieren. Paulus sagt doch ein klares Nein zu praktizierter Homosexualität. (Römer 1,26-29) Aber sagt er nicht auch „Das Weib schweige in der Gemeinde"? Und wir haben trotzdem evangelische Pfarrerinnen?

Letzter Versuch: Was sagt Jesus dazu? Erstaunlicherweise gar nichts. Aber eines ist jedenfalls auffällig: Sein liebevoller Umgang mit diskriminierten und unterdrükkten Menschen. Diese Erkenntnis war entscheidend – und so hat es den „Schwulen- und Lesbengottesdienst" in der Wiener Dorotheergasse gegeben.

Aber das war natürlich nur ein Anfang und hätte auch so ausgelegt werden können, dass eben eine progressive evangelische Wiener Pfarrgemeinde den Homosexuellen so eine Art liturgisches Asylrecht eingeräumt hat. Die nächsten Schritte waren die Anerkennung der Homosexuellen als gleichberechtigte und verpflichtete Gemeindemitglieder und die Akzeptanz ihrer Sexualität als eine verantwortliche Spielart menschlichen Partnerverhaltens. Das klingt so rasch, hat aber in Wirklichkeit eine achtjährige, teils heftige Diskussion erfordert. Und dann lag konsequenterweise die Frage nach einer „Trauung“ in der Luft. Und auch dieser Schritt wurde im Vertrauen auf Gott gewagt als „Segnung einer homosexuellen Partnerschaft“. Und damit wurde wohl auch die reformatorische Theologie in unserer Zeit konkretisiert. Als Luther seine Käthe geheiratet hat, hat er damit nicht nur den Zölibat abgeschafft, der „entlaufene Mönch“ hat den Mut gehabt, die „entlaufene Nonne“ zu heiraten. Wir haben wahrscheinlich viel weniger gewagt.

Aber immer noch halten militante Christen die Bibel wie eine Waffe in der Hand. Ist es so schwer, von Paulus zu lernen, dass der Geist lebendig macht und der Buchstabe tötet. Denn wenn man die Homosexuellenstellen in der Bibel wörtlich nehmen will, dann muss man wohl auch glauben, dass die Welt in sechs Tagen entstand und der Hase ein Wiederkäuer ist (3. Mose 11,6).

Herrlich verrückt

„Nun bleiben Glaube, Hoffnung, Liebe – diese drei. Aber die Liebe ist die größte unter ihnen.“ Friedrich Dürrenmatt hat diesen Satz des Apostels Paulus so kommentiert: „Ja, die Liebe ist die größte unter diesen dreien. Aber die zäheste unter ihnen ist die Hoffnung.“ Nur, die Hoffnung mag noch so zäh sein, sie braucht als Nahrung gute Geschichten, um überleben zu können. Eine dieser Geschichten – ihr „Held“ ist der Prophet Jeremia – zeigt, wie herrlich verrückt ein Mensch sein kann, wenn er justament voller Hoffnung ist.

Jeremia ist eingesperrt. Er hatte seinem König genau die Katastrophe vorausgesagt, die dann auch eingetroffen ist. Die Stadt ist ringsum von Feinden umgeben. In diesen turbulenten Tagen bekommt der Häftling Jeremia Besuch. Ein Verwandter hat ihn im Gefängnis aufgestöbert und will ihm einen Acker verkaufen. Denn nach altem Recht haben in einem solchen Fall die Verwandten das Vorkaufsrecht. Der Acker ist allerdings längst in Feindeshand gefallen, aber Jeremia hat eben einen Verwandten, der weiß, was sich gehört.

Man stelle sich diesen Triumph der Korrektheit heute vor: Eine Stadt, ein Land, ja die Welt könnte brennen und irgendwo wird ein Händler Stempelmarken verkaufen. Oder zeigt hier die Hoffnung schon ihre Zähigkeit? Denn wer fünf Minuten vor zwölf Stempelmarken verkauft, ist ja kein hoffnungsloser Pedant, sondern einfach nicht bereit, sich mit der „Realität“ abzufinden.

Bei Jeremia war es ähnlich. Natürlich hat er das Absurde der ganzen Situation gespürt: Mitten im Krieg, im Gefängnis, soll er einen Acker kaufen, der bereits in Feindeshand ist. Aber noch viel stärker hat er wohl gespürt, dass er diesen Acker trotzdem kaufen muss. Denn, um die Hoffnung am Leben zu erhalten, muss man von Zeit zu Zeit etwas ganz Verrücktes tun – vor lauter Hoffnung.

So ist der biblische Abraham noch als 80-Jähriger in ein „gelobtes Land“ aufgebrochen und Israel ist aus der Sklaverei in Ägypten einfach fortgezogen. Verrückt! Vielleicht sollte ich mir ein Grundstück in Afghanistan kaufen, obwohl sich derzeit niemand dort den Frieden vorstellen kann.

Könnte es sein, dass gerade ein anscheinend verrücktes Verhalten Hoffnung bewirkt? Könnte das ein Rezept sein? Könnte man nicht mit den „guten Werken der Verrücktheit“ Hoffnung provozieren?

Es ist eben nicht egal, ob man einem schlechten Schüler einen Lorbeerkranz schenkt oder eine Broschüre für Arbeitslose. Wo einer – allen Traurigkeiten zum Trotz – die Schwester der Hoffnung, die Verrücktheit küsst, da hat seine persönliche Adventszeit begonnen.

Wir kommen alle, alle in den Himmel

Nicht „Herr“ oder „Allmächtiger“ oder sonst einen hohen Ehrentitel hat Jesus verwendet, wenn er Gott angesprochen hat. Er sagt zu Gott „Abba“. Das heißt auf Deutsch „Vater“, noch genauer: Väterchen, Papa. Jesus hat wirklich gebetet: „Papa im Himmel“.

Aber die Frömmigkeitsexperten sagen: unmöglich, schrecklich despektierlich, ja, lästerlich. So darf man nicht mit Gott sprechen. Doch Jesus sagt immer wieder „Abba“ und die Wut kommt ihnen hoch. Die Herren waren sehr gründlich. „Abba“ kommt in der Bibel nur mehr dreimal vor, den Rest haben sie gestrichen. Und es ist ihnen gar nicht aufgefallen, was sie angerichtet haben. Wer nicht mehr „Abba“ sagt, macht aus Gott einen König und Despoten; den Mächtigen, der unverständlich handelt; der rückt Gott wieder in die Ferne, der hat den Menschen nur mehr Devotion als Frömmigkeit anzubieten – und Angst. Religion wird zu einer Trickkiste von Unternehmungen, die das Wohlwollen dieses Herrn erwerben soll.

Und so reden die Kirchen Gott distanziert an, in unverlangter Devotheit. Nur in der Volksfrömmigkeit, da lebt der „Abba“, der „Papa“ mehr oder weniger anerkannt fort. „Allmächtiger und barmherziger Gott“ sagt der Pfarrer, aber die Leute sagen beharrlich: „Lieber Gott!“ und scheren sich um keinen frommen Benimm. Aber am stärksten lebt Jesu vertrauliche Anrede beim Heurigen, in der „pietas Vindobonensis“. Das Gottesbild dieser Lieder ist oft genug von seinen intellektuellen, auch theologischen, Verächtern verspottet worden.

Am Stadtrand von Wien lebt die Erinnerung an die Vertrautheit, die zwischen Gott und den Menschen sein kann. Gott, ein Freund, der da ist, wenn man ihn braucht. Ein gütiger, alter Herr da oben. Warum nicht? Zu ihm kann man jederzeit kommen, sich aussprechen, sich ausweinen. „Himmelvata“ – das ist nicht respektlos gesagt, sondern kindlich, voller Hoffnung. Man ärgere sich nicht darüber, dass hier auch die Überzeugung herrscht: „Der

Herrgott muss a Weaner sein." Gott ist genauso ein Wiener, wie er natürlich auch ein Jude ist. Und das passt 50 Jahre danach auch noch nicht allen Frommen in unserem Land.

Natürlich gibt es auch kitschige Heurigenlieder, so wie es ja auch kitschige Lieder im Kirchengesangbuch gibt. Sogar der reformatorische Verzicht auf jede menschliche Selbstrechtfertigung steckt in einem dieser Lieder: „Schau der Himmelvata, na der vergisst di net. Und so an klan Strawanza, na den frisst er net. Er wird bestimmt am Anfang noch a bissel brummen, es kann do' net a jeder glei' in Himmel kumman... Er lasst dich sicherlich ganz still und fein, bei aner Hintertür in' Himmel nein."

Man vergleiche das einmal mit: „Wir kommen alle, alle, alle in den Himmel, weil wir so brav sind!"

Das ist – theologisch gesehen – Ketzerei. Man hat den Eindruck, in Luthers Landen feiert die „Werkgerechtigkeit" fröhliche Urständ. Unzählige Religionslehrer trichtern den Schülern die große Entdeckung der Reformatoren ein, nämlich dass sich der Mensch vor Gott nicht durch seine Werke und Taten rechtfertigen kann, sondern nur durch das, was Christus für ihn getan hat. Mit anderen Worten: Den Himmel und die Seligkeit können wir nur geschenkt bekommen. Doch diese urevangelische Erkenntnis hat heute, scheint's, das Bewusstsein des speziell Wein, Bier und Schnaps trinkenden deutschen Bürgers nicht erreicht. Ein Leben lang ist er zur Bravheit erzogen worden und so kann er es sich gar nicht vorstellen, dass ihm diese Bravheit nicht den Himmel erwerben kann.

Der fromme Wiener hingegen weiß, dass er nur deshalb in den Himmel kommt, weil er gute Beziehungen hat, eine „Gottes-Beziehung“ nämlich.

Als Wiener und Pfarrer wünsche ich mir jetzt nur noch, dass gerade die Wiener diesen gütigen, liebevollen Gott eines Tages auch in der Kirche entdecken mögen.

Das Kreuz mit dem Kreuz

Auch die Calvinisten bekennen Jesus Christus als den „Gekreuzigten“ und sagen mit dem Apostel Paulus: „Die Rede vom Kreuz ist ein Unsinn für die, die verloren gehen; für uns aber, die wir selig werden, ist sie eine Gotteskraft.“

Aber in den evangelischen Kirchen der calvinistischen Tradition wird man vergeblich ein Kreuz suchen, denn das Bilderverbot, das 2. Gebot also, verbietet es. Damit wird zugleich verhindert, dass das Kreuz zum Einrichtungsgegenstand oder zum Schmuckstück verharmlost wird. Ein Kreuz um den Hals zu tragen, das ist so, als würde jemand eine kleine goldene Guillotine um den Hals tragen, ein silbernes Gaskämmerchen oder einen kleinen elektrischen Stuhl. Dazu passt dann auch die lässige Art, wie heutzutage bereits Wehwehchen und Kleinstprobleme als „Kreuz“ bezeichnet werden. Auch

Sätze bestimmter frommer Leute wie „Jesus ist für mich am Kreuz gestorben. Seit ich das weiß, bin ich wieder froh!“ muten eher gefühllos und unmenschlich an. Man versteht den Ausspruch eines Christen aus der Dritten Welt: „Was müsst ihr für schreckliche Leute sein, dass in eurem Versammlungsraum ein Galgen hängt.“ Und widerwärtig wird es, wenn kirchenleitende Personen die Schwierigkeiten, die sie mit den Gläubigen haben, mehr oder weniger vorsichtig um den Brei herumredend, mit der Passion Christi vergleichen.

Christus ist am Kreuz nicht für sich allein gestorben, sondern damit die anderen leben können. Wer könnte das abbilden? Begriffen hat es wohl als Erster der zum Tod verurteilte Barabbas: Er war die Premiere der Erlösung. Schade, dass Barabbas nicht im Glaubensbekenntnis steht. Der Zweite, der die Bedeutung des Kreuzestodes Christi begriffen hat, intellektuell, also theologisch, war der Expharisäer Paulus. Für ihn ist Christus „im Kopf“ auferstanden, denn „die wahren Abenteuer sind im Kopf“.

Sicher wollte dieser Christus nicht, dass sich ihn die Christen um den Hals hängen, bis er ihnen zum Hals heraushängt. Aber wollte er, dass sie so leben, dass sie selbst in Kreuzesnähe geraten? Und so sind auch unzählige Menschen, Christen und vor allem Juden, Menschen vieler Religionen und politischer Überzeugungen freiwillig oder vergewaltigt gestorben, dass andere leben können. Seltsam, denn wahrscheinlich hat Christus gehofft, dass sein Kreuzestod der letzte sein würde.

Ein Totengräber macht sich keine Illusionen über seinen Beruf. Er weiß, das ist kein Traumberuf. Er weiß, dass er eher eine Art Leuteschreck ist: „Freilich sagen die Leute, das ist ein Totengräber, mit dem möcht' ich nix zu tun haben."

Der Totengräber ist eine Art Totenvogel. Wo der ist, ist die nächste Leiche nicht weit. Und viele Leute haben es gar nicht gern, an Tod und Sterben erinnert zu werden. Und so leben die Leute viele Jahre, als ob sie unsterblich wären. Der Satz ist banal: Alle Menschen müssen sterben. Aber gehöre ich zu „allen Menschen"? Ich weiß, dass ich einmal sterben muss, aber so ganz glaube ich das natürlich noch nicht. Und so feiert die Illusion fröhliche Urständ, dass man vor dem Tod davon rennen könnte, dass man ihn verdrängen könnte wie der alte Goethe.

Irgendwann einmal geht man ja doch auf den Friedhof, zu Allerheiligen oder zu einem Begräbnis, aber das stört den modernen Unsterblichkeitsglauben nicht. Die Erfahrung zeigt ja: Sterben tun immer die andern! Man hört, dass die anderen gestorben sind; man sieht zu, wie ihre Särge in die Erde versenkt werden: „Erde zu Erde, Asche zu Asche, Staub zu Staub" – und einen Schmattes (= jidd. f. „Trinkgeld") für den Totengräber. Und das Leben hat mich wieder. Und beim Weggehen vom Friedhof sagt eine innere Stimme: Dich hat es nicht erwischt. Dich wird es nie derwischen. Sterben tun immer die andern.

Aus dieser surrealistischen Erkenntnis ergibt sich gern ein leichtsinniger Lebensstil: Mir kann nichts passieren! Schließlich haben die Verkehrsunfälle auch immer die anderen. Nur keine Angst – besoffen am Steuer ist schick. Und ein ebenso einfühlsamer Bestatter wird die Aufbahrung in einem ebenso schicken Anzug vornehmen. Hat der Tod vielleicht auf die Leute einen besonderen Gusto, die ständig so tun, als gäbe es ihn gar nicht, den Gevatter?

Die lebensgefährliche Religion des Leichtsinns hat viele Mitglieder. „Schnallst du dich nicht an?", frage ich einen Freund beim Einsteigen in sein Auto. „Nein", sagt er, „denn dann würde ich meinen Schutzengel frustrieren."

Es mag paradox klingen, aber: Wer ans Sterben denkt, lebt länger. Wer den Tod nicht verdrängt, auf den hat er vielleicht sogar lange keinen Appetit.

Die Menschen in früheren Zeiten, für sie hieß Leben, auch sterben zu lernen. Sie wussten, dass Lebensgenuss etwas mit dem Tod zu tun hat. Eine heitere Gelassenheit dem Tod gegenüber galt als lebensverlängernd und irgendwie beneidenswert. So hat ein bekannter reformierter Prediger auf dem Totenbett zu einem Besucher gesagt: „Und morgen kommst du wieder zu mir auf Besuch und schaust nach, ob ich noch leb'!"

Der Totengräber als Auferstehungsgehilfe

Wenn man genau Bescheid wissen will, muss man Fachleute fragen. Auch für den Tod gibt es Fachleute. Ich meine jetzt nicht Ärzte und Pfarrer, sondern die, denen der Tote ganz gehört, die Totengräber: gemütlich-unheimliche Menschen, die ein Leben unter Toten führen – mit Verwesung als Parfüm.

Ist mit dem Tod alles aus? Der Totengräber weiß es: „Wir lassen den Sarg hinunter und Schluss basta. Einen Kollegen haben wir genauso beerdigt. Wir kommen alle dran. Wir bleiben nicht übrig. Wir werden nicht überbleiben. Wie es im alten Sprichwort heißt: Wer andern eine Grube gräbt, fällt selbst hinein. Von der Erde kommst und zu der Erde gehst du... Von uns sind noch alle in der Erde drin. Die, die verbrannt werden, kommen in die Hölle. Außer, wir graben sie aus!"

Der Totengräber ist ein Realist, der schaut auf seine Leichen. Dem verschwindet keine. Das wär' so was. Nichts wie Scherereien hätte er dann. Aber wer stiehlt heutzutage schon Leichen?

Der Totengräber passt schon auf, dass alle Leichen ordentlich in der Erde liegen – wie die Rosinen in einem Kuchen: „Die sind noch alle in der Erde drin!" Fast stolz sagt er das, er hält etwas auf seine Berufsehre. Der Tote hat nur eine Möglichkeit als Toter dem Friedhof zu entkommen, nämlich: „Außer wir graben sie aus!", wie der Totengräber so schön gesagt hat.

Hier bekommt der Beruf des Totengräbers eine göttliche Dimension. Wenn er nicht die Leichen ausgräbt, bleiben sie ewig da drin in der Erde. Und ich habe eine Vision: Christus als Totengräber, der am Jüngsten Tag alle Toten ausgräbt, damit sie auferstehen können. Oder vielleicht wird Christus zuerst die Totengräber auferwecken, dass sie dann die anderen ausgraben? Das ist Arbeitsplatzsicherung bis ins Jenseits: vom irdischen Toteneingräber bis zum himmlischen Totenausgräber. Auch die Auferstehung braucht eben ihr Personal.

Die Details dieser Auferstehungsarbeit hat Abraham a Sancta Clara frei nach dem Propheten Ezechiel beschrieben: „Da ein Kopf, dort ein halber Kopf, da eine Hirnschale, dort ein Zahn, da eine Kniescheibe, dort eine Rippe, da ein Armbein, dort ein Fußbein, nicht anders, als würden die Schneeflocken fallen, denn ein jedes sucht sein Glied, wo es hingehört. Ich glaube Ezechiel ist bald auf diese, bald auf jene Seite gegangen, um zu sehen, ob sich alle an ihren vorigen Ort begeben haben. Kann schon sein, dass er ein Bein, wenn er es beim Kopf gefunden hat, obwohl es zu den Füßen gehört, ernstlich angeredet hat, was das soll. Fort mit ihm! Es soll dorthin, wohin es gehört. Presto. Rasch und ohne Widerrede! Darauf wurden alle diese Beine mit Sehnen, Adern und Fleisch überzogen."

Auferstehung als ein gigantisches Puzzlespiel? Und die Totengräber wissen schon, welche Gebeine zusammgehören. Und darum wird Christus an jenem Tag zu den Totengräbern sagen: „So meine Herren, jetzt fangen wir an mit der Auferstehung. Und jetzt grabt alle aus, die ihr einmal eingegraben habt."

Der liebe Augustin und die Auferstehung

Für manche Leute ist das ganze Leben ein ständiges Sterben und Auferstehen. Aber sie fühlen sich ganz wohl dabei, denn sie wissen, das geht so lange hin und her, bis sie endgültig auferstanden sind. So ein Mann war der liebe Augustin. Eigentlich hieß er ja Marx Augustin. 1643 wurde er in Wien geboren, seine Eltern waren Wirtsleute und bankrott. Augustin lebte in größter Armut, aber in der besten Laune der Welt.

Eine bürgerliche Beschäftigung roch ihm zu sehr nach möglicher Pleite, und so schlug er sich als wandernder Musikant durch: mit dem Dudelsack in den Wiener Wirtshäusern. Und besonders gern gastierte er im „Roten Dachl" am Fleischmarkt.

1679 war die Pest in Wien. Wiener Gespräche damals: „Der is g'storben, der stirbt g'rad, der wird bald sterb'n." Und Augustin half den Wienern, ihre Angst zu ersäufen und sang sein neuestes Trauerlied:

„Jeden Tag war sonst ein Fest, jetzt aber hab'n wir die Pest.
Nur ein großes Leichennest, das ist der Rest.
O du lieber Augustin, leg nur ins Grab dich hin.
O du mein herzliebes Wien, alles ist hin."

Dann trinkt er noch einen Kornbranntwein „zum Drüberstreun" und wankt hinaus. Aber auf einmal hat sein Fuß keinen Grund mehr. Er fällt in eine Grube. Er fällt nicht hart, spürt einen wunderlichen Duft, weich, er schläft ein – und merkt gar nicht, dass mehrere Körper nachstürzen. Er war in eine Pestgrube gefallen. In der Frühe dann der große Schreck, Augustin schreit so lang, bis ihn die Pestknechte hören und herausziehen. Und – o Wunder – er hat nicht die Pest bekommen, sondern ist berühmt geworden.

Schon als Bub hat mir diese Geschichte gefallen. Aber erst der Wiener Musikant Karl Hodina hat mir den Augustin theologisch gedeutet: „Der Augustin – das ist ein Auferstandener; einer, der dem Tod entwischt ist. Ich glaube, wir entwischen alle dem Tod. Wir entkommen ihm, wie der Augustin der Pestgrube. Der Wiener hat Angst vor dem Sterben, aber nicht vor dem Tod." Und diese Einstellung zum Tod hat den Wiener ja beinahe weltberühmt gemacht.

Augustin hat übrigens aus seinem Pestgrubenerlebnis ein Lied gemacht, das er unter großem Hallo im „Roten Dachl" vorgesungen hat – eine Art Wiener Psalm von Tod und Auferstehung, ein Trostlied für jeden, der auch einmal in die Grube fallen sollte. Für Augustin hat das bedeutet: Wer dem Tod von der Schaufel gehüpft ist, der praktiziert einen neuen Lebensstil, heiter und sorglos, voller Gottvertrauen.

Der Beweis sind seine Lieder: „Mir is alles ans, ob i a Geld hab oder kans…“ „Die ihr aber drüber lacht, dass ich mich in alles schicke, und zu viel aus etwas macht, seht, es dient zu keinem Glücke: Grübelei ist Narretei, alles sei euch einerlei!“

So „gelöst“ kann nur ein Mensch leben, der schon einmal von den Toten auferstanden ist.

„Jüngstes Gericht“ über die Dinge

In unserer Zeit ergeht ein fürchterliches „Jüngstes Gericht“ über die Dinge. Was kaputt ist, wird weggeschmissen. Ja, die Produktion selbst ist längst vom „Geist“ der Morbidität geprägt, produziert sie doch bewusst zum Wegwerfen: vom Wegwerffeuerzeug bis zu den Wegwerfmöbeln – alles ist zukünftiger Müll. Und ohne Müllabfuhr kein Leben!

Kaputte Sachen reparieren, nein – viel zu teuer. Alles ist ersetzbar lehrt der – demnächst für die Schulbuchaktion vorgesehene – Katechismus der „fröhlichen Wegwerfgesellschaft“. Das ist Erfindergeist: von der Wegwerfwindel bis zum „Wegwerfausländer“ – wir haben es ja!

Umso erfreulicher ist es, wenn Konfirmanden, also 14- bis 15jährige, den Ungeist der Unmenschlichkeit und Nekrophilie bekämpfen, indem sie satirische Lieder schreiben: „Wir schmeißen alles, alles, alles in den Kübel: weil das so ‚in' ist, wenn etwas hin ist. Das sieht selbst der Petrus ein. Und denkt sich: Ja – das ist fein. Und schmeißt uns alle, alle, alle in die Hölle rein."

Oder eher besinnlich: „Ein Männlein liegt am Boden ganz still und stumm. Es wurde g'rad zertreten vom Publikum. Sag, wer mag das Männlein sein, das da biss ins Gras hinein, mit dem ganz zerrissenen Mäntelein?"

Diese Lieder klingen nur lustig. Eigentlich sind sie ja gesungene Sündenbekenntnisse, voll von prophetischem Geist. Denn der Gott, an den diese jungen Christen und Christinnen – natürlich wollen sie nicht so genannt werden – glauben, ist kein Wegschmeißer. Er schmeißt keine Dinge weg, geschweige denn die Menschen.

Was diese modernen Prophetenschüler bewegt, hat der Prophet Jesaja klassisch so formuliert: „Sie werden das geknickte Rohr nicht wegwerfen, sondern reparieren. Sie werden den noch glimmenden Docht nicht wegwerfen, sondern ihn putzen und ihm frisches Öl geben."

Das Heil, die Heilung beginnt also bei den Dingen. Konkret: Wo bewusste Christen leben, gibt es weniger Müll. Die Müllfrage ist also im Grunde genommen eine Glaubensfrage, so materiell ist der christliche Glaube.

Hier entwickelt sich ein neuer Frömmigkeitsstil: Christen sind Bastler und Reparierer. Wegschmeißen riecht nach Sünde. Oder sprichwörtlich: Zeig mir deinen Mistkübel und ich sage dir, was mit deinem Glauben los ist.

Wenn Christus nicht auferstanden ist

Ihr glaubt nicht, dass Christus auferstanden ist von den Toten? Warum dann die vielen Kirchen? Reißt sie doch ab: die Grabeskirche in Jerusalem, die Peterskirche in Rom und Genf, die Schlosskirche zu Wittenberg und die Stephanskirche in Wien.

Ihr glaubt nicht, dass Christus auferstanden ist von den Toten? Warum dann die vielen Konfessionen? Hört doch auf, Katholiken und Protestanten, Orthodoxe und Altorientalen, Altkatholiken und Methodisten zu sein.

Ihr glaubt nicht, dass Christus auferstanden ist von den Toten? Warum dann die vielen Geistlichen? Entlasst doch den Papst und die Patriarchen, kündigt die Bischöfe und die Oberkirchenräte, die Pfarrer, die Kapläne und Vikare.

Ihr glaubt nicht, dass Christus auferstanden ist von den Toten? Warum dann die vielen Feiertage? Schafft doch den Sonntag ab, Weihnachten, Ostern und Pfingsten, die Donnerstagfeiertage.

Ihr glaubt nicht, dass Christus auferstanden ist von den Toten? Warum dann die vielen kirchlichen Veranstaltungen? Schluss mit der Taufe, dem kirchlichen Begräbnis, dem Gottesdienst, der Beichte, dem Abendmahl.

Ihr glaubt nicht, dass Christus auferstanden ist von den Toten? Warum dann der große Aufwand? Verzichtet doch auf den Religionsunterricht, die religiösen Sendungen, die Militärseelsorge, die Kirchenfürsten bei Einweihungen und Eröffnungen.

Ihr glaubt nicht, dass Christus auferstanden ist von den Toten? Warum dann die vielen Konferenzen und Konzile? Begreift doch, dass es dann keinen Sinn hat, dass die großen Weltreligionen mit den Christen reden, und die Christen mit den Atheisten, geschweige denn die Christen untereinander.

Ihr glaubt nicht, dass Christus auferstanden ist von den Toten? Warum dann diese Frömmigkeit? Lasst doch das Beten und das Predigen, die Wallfahrten und Prozessionen, die Rosenkränze und Bibelstunden.

Ihr glaubt nicht, dass Christus auferstanden ist von den Toten? Warum dann so viel Hoffnung? Dann werft doch die Bibeln weg und kauft euch ein schönes Grab: Denn ihr werdet ewig drin liegen.

Aber vielleicht tut ihr nur so, als würdet ihr nicht glauben, dass Christus auferstanden ist von den Toten?

Da hat man ein Leben lang auf den lieben Leib geschaut und dann sollen ihn die Würmer fressen? Träumt deshalb der fromme Egoist von der Auferstehung? Und darum soll erzählt werden, warum die Egoisten liegen bleiben werden und die alte Andulka wieder aufstehen wird.

Ein Leben lang hatte die alte Andulka als Kammerfrau bei einer Fürstin gedient. Sie war längst zu einem Familienmitglied geworden und dass man vielleicht eines Tages würde auf sie verzichten müssen, das lag für sie außerhalb des Vorstellbaren. Doch dieser Tag kam unweigerlich näher. Die alte Andulka wurde krank – und es war die Krankheit zum Tod. Die alte Fürstin kam täglich zu ihr, umsorgte und tröstete sie.

Hauptgegenstand des Trostes waren Andulkas trübe, an Selbstvorwürfe grenzende Überlegungen, was denn die alte Fürstin ohne sie anfangen würde. Aber kein Zuspruch half und keine Versicherung, dass es mit dem Alleinsein gar nicht so schlimm bestellt wäre, dass nicht nur Kinder und Kindeskinder, sondern auch Freunde und lang erprobte Hausleute bereit stünden – die alte Kammerfrau schüttelte nur immer wieder traurig den Kopf.

Sie konnte sich einfach nicht damit abfinden, dass es für sie nichts mehr zu tun gäbe, oder dass es eine andere Person an ihrer Stelle tun würde.

Plötzlich – ganz kurz bevor sie diese Welt verließ – ist ein Leuchten über ihr Gesicht gegangen, und sie flüsterte der Fürstin zu: „Aber – vielleicht kann ich Durchlaucht bei der Auferstehung behilflich sein?“

Und Friedrich Torberg, dem ich diese Geschichte von wahrhaft biblischer Größe verdanke, fügt noch hinzu: „Und das Schönste daran ist, dass sie beide – Fürstin und Kammerfrau – von ganzem Herzen an diese Möglichkeit geglaubt haben.“

Und auf die Gefahr hin, der Übertreibung geziehen zu werden, füge ich jetzt hinzu: Überall, wo von der „Auferstehung der Toten“ gesprochen wird, dort sollte man zugleich von der alten Andulka reden. Denn sie hat Christus in einer Tiefe begriffen, wie nur wenige seiner Jünger und Heiligen. Für Andulka war die Liebe wirklich stärker als der Tod. Sie hätte wahrscheinlich – etwas überspitzt formuliert – sogar auf die Auferstehung verzichtet, wenn sie nicht davon überzeugt gewesen wäre, dort auch ihre geliebte Fürstin wieder zu treffen.

Das Faszinierende bei Andulka ist: Für diese Frau gibt es keine Auferstehung ohne Nächstenliebe. Ein beglükkender Unterschied zu jener heute weit verbreiteten Egoistenreligion, die immer noch „unschuldige“ Kinder beten lehrt: „Lieber Gott, mach mich fromm, dass ich in den Himmel komm!“ Da hätte die alte Andulka „schön“ geschimpft.

Gott ist kein Schweizer

Politiker bekommen manchmal die seltsamsten Briefe. Da ist auch der Schweizer Regierungschef keine Ausnahme. Er hat zum Beispiel folgenden Brief erhalten: „Sehr geehrte Herren, die Bundesverfassung der Schweiz fängt mit den Worten ‚Im Namen Gottes des Allmächtigen' an. Gerne hätte ich eine Dokumentation über diesen ‚Herrn Gott, den Allmächtigen' – mit Geburtsjahr, Geburtsort, aktueller Adresse, Telefon, Telex und Telefax. Ich danke Ihnen im Voraus bestens für Ihre Antwort."

Der Schweizer Regierungschef hat diesen Brief durchaus ernst genommen. Und da er an ihn gerichtet war, hat er ihn auch nicht zuständigkeitshalber an die Reformierte oder die Katholische Kirche weitergereicht, sondern so geantwortet:

„Gott scheint nicht in der Schweiz geboren zu sein. Kein Geburtsregister gibt hier über ihn Auskunft. Der Allmächtige hat sich auch bisher nicht entschlossen, Abonnent der PTT (= Post) zu werden, sodass wir seine Adresse und Telefonnummer ebensowenig wie Telex- und Telefaxnummer ermitteln konnten. Möglicherweise verfügt er in seiner Allmacht über wirksamere Kommunikationssysteme."

Weiter stellt der Schweizer Regierungschef fest, dass der Briefschreiber aus Genf offenbar mehr über Gott weiß als die Regierung in Bern, denn: Mangels

Geburtsregistereintrag ist es uns jedenfalls leider nicht möglich, festzustellen, ob Gott tatsächlich ein „Herr“ ist.

Die wenigen vorhandenen Spuren seien nur „nichtamtlichen Zeugen“ zu verdanken, geht es unter Hinweis auf einschlägige Bibelstellen weiter. „So soll sich Gott auf dem Berg Horeb dem Chef eines bedeutenden Volkes unter dem Namen ‚Ich bin, der ich bin' zu erkennen gegeben haben. Andere bezeugen, wenigstens seinen Sohn gekannt zu haben. Er soll zuletzt noch in Jerusalem, Emmaus und Galiläa et cetera gesehen worden sein, muss aber seither als verschollen gelten.“

Der Brief ist zwar damit noch nicht zu Ende. Aber schon jetzt ist wohl deutlich geworden, dass im Lande des Helvetischen Bekenntnisses Politiker bemerkenswert exakt und originell Auskunft über Gott zu geben.

Mit dieser Feststellung soll natürlich keineswegs der Eindruck erweckt werden, dass die führenden Politiker hierzulande etwa nicht imstande wären, ebenso bemerkenswert exakt und originell Auskunft über Gott geben zu können. Sie haben nur noch keine Gelegenheit dazu gehabt, denn in den Briefen an unsere Bundesregierung scheint der „Herr Gott“ bis dato nicht vorzukommen.

War der Hund beim Abendmahl?

Der Pfarrer fragt eine Frau: „Warum kommen Sie nie in die Kirche?" Darauf die Frau: „Ich würde ja gern kommen, aber ich weiß nicht, wohin ich inzwischen den Hund geben soll. Der bleibt mir nicht allein." Jetzt hätte der Pfarrer am liebsten gesagt: „Na, dann nehmen Sie doch den Hund mit in die Kirche." Aber das hat er nicht gewagt – wegen der Gläubigen.

Ein anderes Mal geht es schon um sehr viel mehr. „Sagen Sie, Herr Pfarrer, ist das wahr, dass in unserer Kirche ein Hund beim heiligen Abendmahl war?" Der Pfarrer klärt das sofort auf. Beim Abendmahl war ein Paar, das er erst unlängst getraut hat. Und der Bräutigam hat den super-winzigen Hund im Ärmel stecken gehabt. Aber natürlich hat der Hund nichts bekommen.

Aber war das wirklich so „natürlich"? Dem Pfarrer hat das keine Ruhe gelassen. Nämlich die theologische Frage: „Dürfen Hunde, allgemein Tiere, in einer Kirche an der Kommunion teilnehmen?" Aufs Erste kam ihm diese Frage „natürlich" lästerlich, ja absurd vor. Aber dann ist ihm einiges aufgefallen, nämlich, wie sehr Tiere mit Gott, dem Vater, dem Sohn und Heiligen Geist zu tun haben:

Menschen und Tiere haben einen (!) Vater. Was aus dem Mund von Franz von Assisi noch im poetischen Sinn missverstanden werden konnte, erkennt diese

Generation als Realität. Tiere sind Mitgeschöpfe, also die Geschwister der Menschen. Beide sitzen zum zweiten Mal in einem (!) Boot. Was heute die Tiere umbringt, bringt morgen die Menschen um.

Erkennen die Menschen aber auch, wie sehr Tiere die Brüder und Schwestern Jesu Christi sind? Millionen unschuldiger Tiere werden gekreuzigt. Durch den Autoverkehr, den Tourismus, die Umweltschäden werden sie dahingemordet, denn die Menschen „wissen nicht, was sie tun". Tausende Tiere geben ihr Leben her, dass Menschen geheilt werden und leben können. Und sie leiden oft viele Stunden, ja Tage entsetzliche Qualen.

Viele Tiere sind eigentlich Märtyrer. Eine Art Golgatha ist fast schon ein normales Tierschicksal geworden. Christus hat das Fleisch der Tiere angenommen.

Und der Heilige Geist „weht" auch durch die Tiere. Wie viele Kinder und alte Leute haben ein Tier als einzigen Kameraden. Wie viele Menschen erleben Zärtlichkeit, Geborgenheit, Liebe und Spiel nur durch ein Tier: seine Geduld, seine Aufmerksamkeit, seinen Humor und seine Treue. So ein Hund oder eine Katze hat oft mehr Heiligen Geist im Leib als so mancher Mensch.

Aber in die Kirche dürfen sie nicht, die Tiere.

Onan hat nicht onaniert

Wissen Sie schon, was Onanieren mit der Bibel zu tun hat? Die Frage ist weder lästerlich noch unanständig gemeint.

Das Wort „onanieren“ hat mit einem gewissen Herrn Onan in der Bibel zu tun. Und was dieser Onan getan hat, das hat man – übrigens zuerst in England – „onanieren“ genannt. Onanieren also als eine Art biblisches Fremdwort für die sexuelle Selbstbefriedigung. Aber jetzt kommt das Verblüffende: Onan hat gar nicht onaniert.

„Ein Mann namens Juda hat seinen ältesten Sohn Er mit einer Frau verheiratet, die Thamar geheißen hat. Aber so wie Judas Sohn Er gelebt hat, das hat Gott gar nicht gefallen, und so hat ihn Gott, der Herr, sterben lassen. Daraufhin hat Juda zu seinem Sohn Onan gesagt: ‚Tu deine Pflicht und heirate jetzt die Frau deines Bruder – wie es bei uns Gesetz ist – und verschaffe so deinem Bruder Nachkommenschaft.‘ Onan wusste also, dass die Nachkommen, die er mit der Witwe seines Bruder zeugen würde, nicht als seine Kinder gelten würden. Sooft er nun mit der Frau seines Bruders zusammen war, hat er seinen Samen auf die Erde fallen und verderben lassen, um seinem Bruder keine Nachkommen zu verschaffen. Was Onan da getan hat, hat Gott nicht gefallen und er ließ auch ihn sterben.“ (1. Mose 38,6-10)

Onan hat also das Gesetz der verpflichtenden Schwagerehe boykottiert. Er wollte keine Kinder zeugen und praktizierte den Coitus interruptus, er hat also den Geschlechtsverkehr vor dem Samenerguss abgebrochen.

Leider hat diese Onan-Geschichte schreckliche Nachwirkungen gehabt, denn Kirchen haben daraus eine pseudowissenschaftliche Sexuallehre entwickelt, und Sexualität mit Angst verbunden.

Generationen von Buben hat man mit fürchterlichen Drohungen erschreckt: Sie würden Rückenmarkschwindsucht bekommen, ja vielleicht sogar sterben, wenn sie sich weiter selbst befriedigen. Ja, die sexuelle Selbstbefriedigung wurde für Generationen von Christen zur Sünde schlechthin gemacht und damit wurde ein ständiges schlechtes Gewissen installiert.

Und die Ärzte haben die Pfarrer bei diesem Unfug begeistert unterstützt. Inzwischen hat übrigens die Sexualwissenschaft die Selbstbefriedigung längst als eine normale Form der Sexualität anerkannt. Wir lassen uns ja auch nicht mehr von Ärzten behandeln, die dem medizinischen Standard des 19. Jahrhunderts entsprechen.

Ja, und was Onan getan hat, nämlich coitus interruptus, davon ist tatsächlich abzuraten. Aber nicht, weil man davon stirbt, sondern weil das eine sehr unzuverlässige Methode der Empfängnisverhütung ist. Bleibt also nur noch das große Erstaunen darüber, dass es immer noch Männer gibt, die es genauso machen wie der biblische Onan vor mehr als 2000 Jahren.

Ein Pfarrer überlegt, ob er eingreifen soll

Eine Szene im D-Wagen, jener Wiener Straßenbahnlinie, die zwei Bahnhöfe verbindet und daher in großen Intervallen verkehrt. Die Personen: Ein betrunkener Urlauber aus Bayern, ein alter Wiener und ein Pfarrer.

Der Bayer brummt und lallt vor sich hin, zuweilen singt er auch laut, und vor allem: Er raucht. Tatsächlich, er raucht eine Zigarette in einer Wiener Straßenbahn. Das rüttelt an den Grundfesten der Gesellschaft. Das kann der alte Wiener nicht dulden. Der Grund? Da könnt' ja schließlich jeder und überhaupt und Ordnung muss sein – und er selber raucht ja schließlich auch nicht.

Und der alte Wiener schreit den Bayern an: „Hör auf zum Rauchen, b'soffener Bayer!" Doch der grinst nur blöd und raucht weiter, unerschüttert. Und der alte Wiener schimpft weiter. Seine Blicke suchen Zustimmung, Bundesgenossen.

Und seine Blicke finden den Pfarrer. Dem wird es auch prompt unbehaglich zumute. Er mag sich nicht hineinziehen lassen; was geht ihn das an? Abrupt dreht er sich weg und merkt von allem nichts. Die Situation ist ihm peinlich. Und der besoffene Bayer ist ihm übrigens viel sympathischer als der Wiener Stänkerer.

Da kommt die nächste Haltestelle. Da muss der Pfarrer sowieso aussteigen. Gott sei Dank. Aber der alte Wiener steigt auch aus und stellt den Pfarrer zur Rede. Sein Vorwurf ist mangelnde Zivilcourage, wörtlich: „Da muss man doch was machen. Warum haben Sie ihm nicht die Zigarette aus dem Maul geschlagen?"

Jetzt reißt sich der Pfarrer endlich zusammen und – quasi in statu confessionis – sagt er wütend: „Sie sind gut, mir geben Sie Ratschläge. Hätten Sie's doch selber gemacht. Ich will nicht raufen. Und mit einem Besoffenen schon gar nicht!"

Er lässt den alten Wiener stehen und verschwindet. Und beinahe hätte er dem zigarettenrauchenden Bayern in der Straßenbahn nachgewinkt. Aber er wäre natürlich kein Pfarrer gewesen, wenn er dieses mitmenschliche Extempore nicht sogleich geistlich analysiert hätte. Und so stellt er etwas frustriert fest, dass er irgendwie unzufrieden ist mit sich selbst. Schön, er ist kein Raufer. Mein Gott, deshalb stürzt die Welt nicht ein, wenn ein besoffener Bayer im D-Wagen raucht. Aber, wann greift unsereins eigentlich ein, hilft, verhindert irgendetwas? Nicht so bald, leider. Denn die Reizschwelle scheint hierzulande hoch zu sein. Und da alles Ethische konkret sein soll, beschließt er in seiner Seele, mehr Zivilcourage zu zeigen, wenn ihm das nächste Mal ein besoffener, rauchender Bayer im D-Wagen begegnen sollte.

Das tapfere Pfarrerlein

Das tapfere Schneiderlein wäre ein guter Pfarrer gewesen. Diese Vermutung vermag vielleicht aufs Erste zu verblüffen, aber man lese nur einmal bei den Brüdern Grimm nach, was dieses Schneiderlein so alles vollbracht hat: zwei Riesen erledigt, ein Einhorn gefangen und ein gefährliches Wildschwein unschädlich gemacht.

Dabei hat alles eher harmlos begonnen, ja, mit einem Missverständnis. Der Schneider hatte sich nämlich eine Rüstung anfertigen lassen, auf der mit goldenen Buchstaben geschrieben stand: „Sieben auf einen Streich!" Und alle Welt hat natürlich geglaubt, der mutige Schneider hätte sieben Männer erschlagen und hat sich respektvoll gefürchtet. In Wirklichkeit sind es nur sieben Fliegen gewesen, aber das hat das Schneiderlein ja nicht verraten.

Das tapfere Schneiderlein wäre ein guter Pfarrer gewesen. Warum? Weil es ein Beispiel gegeben hat, dass sich auch der Kleine, Schwache großer Gefahren erwehren kann, wenn er nur klug und etwas pfiffig ist.

Das tapfere Schneiderlein wäre ein guter Pfarrer gewesen, weil es mit seiner Methode des klugen, gewaltlosen Widerstandes den vielen anderen Kleinen und Schwachen nicht nur Hoffnung gemacht hat, sondern ihnen auch wirklich geholfen hat. Denn nach seinem segensreichen Wirken war ja der Wald von Riesen, Einhorn und Wildschwein befreit und jedermann konnte wieder ungefährdet im Wald spazieren gehen.

Das tapfere Schneiderlein wäre ein guter Pfarrer gewesen. Ist es ihm doch gelungen, eine Anweisung Jesu Christi zu befolgen, mit der die Christen traditionellerweise etwas Mühe haben. Denn Jesus hat gesagt: „Seid klug wie die Schlangen und ohne Falsch wie die Tauben!“ Aber wer kann das schon? Hat hier Jesus nicht etwas Unmögliches verlangt – weil Klugheit und Arglosigkeit einfach nicht zusammenzubringen sind? Ja – wenn nicht das tapfere Schneiderlein gezeigt hätte, dass es eben doch geht.

Das tapfere Schneiderlein wäre ein guter Pfarrer gewesen, weil es imstande war, dort zu helfen, wo andere längst resigniert hatten. Das tapfere Schneiderlein wäre ein guter Pfarrer gewesen, hat es doch mehr getan als der barmherzige Samariter. Denn der Samariter hat sich nur um den Verletzten gekümmert. Aber das tapfere Schneiderlein hat dafür gesorgt, dass erst gar niemand mehr überfallen und verletzt wird.

Das tapfere Schneiderlein wäre ein guter Pfarrer gewesen.

Wenn der Wettergott uns gnädig ist

Bei den alten Griechen, also vor ungefähr 3000 Jahren, hat man sich das mit dem Wetter so vorgestellt: Das passiert nicht von allein, sondern da gibt es eine zuständige Gottheit, den „Wettergott“. Und weil das Wetter etwas so Wichtiges ist, ist der Wettergott der Chef aller Götter. Sein Name war übrigens Zeus.

Zeus sitzt auf einem hohen Berg und dirigiert von dort das Wetter. Er überwacht den Sonnengott Helios, einen seiner wichtigsten Mitarbeiter. Er schickt Wolken und Regen. Und wenn er seine Donnerkeile den Berg hinunterwirft, dann donnert es. Und die Leute schauen ängstlich zum Götterberg, zum Olymp hinauf. „Zeus sei uns gnädig!", haben sie dann gebetet.

Dieser Glaube ist längst ausgestorben, auch in Griechenland. In Resten findet man ihn nur mehr in Kreisen der Sportreporter. Die kündigen ein Sportereignis oft mit einem Kurzgebet an: „Wenn der Wettergott uns gnädig ist!", sagen sie gern. Vater Zeus, schau aber, morgen um vier spielt der Thomas Muster.

Aber auch viele biblische Geschichten haben mit dem Wetter zu tun. Gott hat das Wetter erschaffen und regiert es auch. Frost oder Hitze, Regen oder Sturm, Unwetter oder Sonnenschein schickt er den Menschen ganz bewusst.

Nur zum Unterschied vom Wettergott Zeus denkt er sich etwas dabei. Vor allem hat sein Wettermachen etwas mit Pädagogik zu tun. Die alten Israeliten waren überzeugt davon, dass schlechtes Wetter eine Strafe Gottes für ihre Sünden ist: Trockenheit, Zeiten der Dürre etwa haben nicht primär meteorologische Ursachen, sondern haben ihre Wurzeln in Ausbeutung und sozialer Ungerechtigkeit.

Reste dieser Vorstellung leben noch, wenn eine Großmutter zu den Enkeln sagt – wenn es donnert: „Der

Himmelvater schimpft!“ Diese Vorstellung gefällt mir. Und jetzt wünsche ich mir nur noch: Wenn die Ozonbelastung hoch ist, wenn saurer Regen fällt, wenn der Treibhauseffekt zunimmt, wenn ganze Landstriche vertrocknen, wenn Wälder verbrennen, dass jemand sagt: Schau, der Himmelvater schimpft mit uns. Warum? Weil wir sein Wetter kaputt gemacht haben. Und wenn sich Menschen als Wettermacher und Wettergötter gebärden, sind sie ganz bestimmt niemandem gnädig. Das Wetter ist unmenschlich geworden. Nur einige schwachsinnige Kapitalisten und Politiker bilden sich noch ein, dass sie den Dreck, den sie selbst produziert haben, nicht einatmen müssen.

Stinken die Menschen, weil sie Sünder sind?

Man fahre nur einmal Montagfrüh in der Straßenbahn. Da feiert der Mundgeruch seine Orgien. Da steht ein harmlos aussehender Mensch, und dann macht er seinen Mund auf. Da wird einem gleich ganz mythologisch zumute. Man hat das Gefühl, ein Höllenrachen habe sich geöffnet.

Seit wann fährt der Satan in der Straßenbahn? Man schaudert und gebildete Protestanten denken unwillkürlich an die deftige Sprache von Martin Luther. Einen „stinkenden Madensack“ hat Luther den Menschen genannt. Stinken die Menschen, weil sie Sünder sind? Oder ist der moderne Mensch nur so zimperlich geworden, was die Düfte der lieben Mitmenschen betrifft? Die Nase ist scheint's besonders intolerant. Und wirklichkeitsfremd: Denn die Menschen riechen eben penetrant, schon bevor sie verwesen: vom sauer-milchigen Geruch des Säuglings bis zum süßlich-sauren Geruch der Greise.

Der „stinkende Madensack“ à la Luther hat – wie man es schon vor Jahrhunderten registriert hat – sieben besonders stark riechende Körperzonen: der behaarte Teil der Kopfhaut, die Achselhöhlen, die Gedärme, die Harnblase, die Samenwege, die Leisten und die Stellen zwischen den Zehen. Ecce homo, siehe, was für ein Mensch! Also unter die Dusche mit der Menschheit? Doch es ist zu befürchten, dass sie einander trotzdem nicht riechen können, dass sie einander trotzdem nicht riechen wollen – auch wenn sie noch so gut rausgeputzt sind.

Und es hat sich gewaschen, wenn die „sauberen“ Bürger die Minoritäten unseres Landes diffamieren: Juden und Ausländer müssen natürlich stinken, Homosexuelle verwenden natürlich ein schwüles Parfum. Protestanten waren einmal am Pesthauch schuld. Ausscheidungsgerüche bestimmen die Alltagssprache des rassistischen Spießers. Verachtete Menschen werden von den „Geruchlosen“ gern mit der Vorsilbe „Scheiß-“ verbunden.

Die Nase ist das sozial-politische Organ des Menschen. Und darum geht die Nächstenliebe höchst selten durch die Nase.

Wer traut sich noch, das Publikum zu beschimpfen?

Es war eine gute Idee, einen neuen Kunst- und Kulturpreis „Marlene“ zu nennen und ihn Leuten wie Marcel Marceau und André Heller zu verleihen. Einen deutschen Kulturpreis nach Marlene Dietrich zu nennen, war wohl begründet… Erinnerungen von der Lola in „Der blaue Engel“ über „Shanghai-Express“ bis zur „Zeugin der Anklage“ tauchen auf. Das deutsche Fernsehen hat die Berliner und Berlinerinnen gefragt, ob sie sich darüber freuen, dass Berlin jetzt auch noch eine „Marlene-Dietrich-Straße“ bekäme? Die Antwort aus des Volkes Mund war klar und deutlich: Nein! Es gäbe keinen Grund, eine Straße nach ihr zu nennen, außerdem sei sie ja eine „Feindin“ des deutschen Volkes gewesen. Sie hätte nicht nur 1937 die amerikanische Staatsbürgerschaft angenommen, sondern habe während des Zweiten Weltkrieges antifaschistische Organisationen unterstützt und sei in der alliierten Truppenbetreuung tätig gewesen. Also keine Straße für eine „Volksfeindin“!

Nun wird man wohl nicht annehmen dürfen, dass es sich bei der Berliner Bevölkerung um einen besonders vertrottelten Teil der Spezies Mensch handelt. Mit großer Wahrscheinlichkeit darf unterstellt werden, dass die „Frau beziehungsweise der Mann von der Straße“ in Wien genauso blöd ist. Pflegt ja auch der „homo

Vindobonensis“ das, was 1945 geschehen ist, eher als „Zusammenbruch“ denn als „Befreiung“ zu bezeichnen.

Zugegeben, es gibt Wichtigeres als die Zustimmung zu einer „Marlene-Dietrich-Straße“. Bleibt nur die Frage, wer endlich einmal den Mut haben wird, den Leuten zu sagen, wie entsetzlich und gefährlich dumm sie oft gerade in entscheidenden Augenblicken sind. Wenn niemand mehr eine „Publikumsbeschimpfung“ wagt, ja, wenn es als unangefochtenes Tabu gilt, dass jeder Mensch – für die Medien – eine ernst zu nehmende Meinung hat, dann wird es gefährlich. Und wenn ein Minister befürchten muss, dass Mütter ohne finanzielle Belohnung nicht mit ihren Babys zum Arzt gehen, und politische Parteien feststellen, dass ihnen das Wählervolk lieber Denkzettel gibt als selbst nachzudenken, dann sind wir in Österreich!

Schimpfen auf die Kirche

Gibt es etwas Abendfüllenderes als Schimpfen auf die Kirche? Wer hat hier nicht schon begeistert mitgemacht? Und warum eigentlich nicht?

Denn wer eine religiöse Institution kritisiert oder beschimpft, „wandelt“ auf den Spuren Jesu Christi. Sein Leben und Wirken war mit ständigen Auseinandersetzungen mit den Vertretern der offiziellen Religion verbunden. Immer wieder geriet er in Streitgespräche mit Pharisäern und Saduzzäern und er war dabei nicht zimperlich in seiner Wortwahl. Seine Gegner waren nicht nur Zielscheibe seiner Wehe-Rufe, er hat sich auch nicht geniert, sie zu beschimpfen und zu verspotten. Und vor ihm haben es die großen Propheten des Alten Testamentes auch nicht anderes gemacht. Und darum steckt in diesem Schimpfen auf die Kirche so etwas wie das Prophetenamt aller Christen.

Man kann natürlich darüber streiten, ob es überhaupt möglich ist, etwas anscheinend so Exklusives wie Leben und Aufgabe eines Propheten zu einer Art „Amt" für alle Christen umzufunktionieren und damit das Prophetische seines elitären Charakters zu entkleiden und es quasi zu demokratisieren. Aber die Generation der Reformatoren, vor allem Luther, hat ja auch nicht gezögert, ein „allgemeines Priesteramt" anzustreben. Und die Praxis bestätigt dieses geistliche Ideal: Gerade der mündig gewordene Christ spürt das Prophetische in seiner Seele rumoren.

Jeder weiß irgendetwas Böses über die Kirche – und das ist gut so. Damit will ich natürlich nicht sagen, dass es gut ist, dass die Kirche Mängel hat. Aber es gefällt mir, dass das Interesse vieler Menschen an der Kirche immerhin so groß ist, dass es ihnen dafürsteht, sie zu kritisieren. Man mag darüber lächeln, aber es steckt ein Stück prophetischer Größe in der Pose, mit der gerade der Durchschnittsmensch seiner Kirche gegenübertritt.

Und wenn das bei manchem nur heißt: „Sagen Sie einmal, was macht die Kirche eigentlich mit dem vielen Geld, das sie einsammelt?“ Eine berechtigte Frage, auch wenn sie oft gerade von Leuten gestellt wird, die sowieso keinen Kirchenbeitrag bezahlen. Andere Leute gehen in die Tiefe und fragen: „Wozu eigentlich Kirche, man kann doch auch ‚ohne‘ ein anständiger Mensch sein?“

Sicher, es ist nur zu durchsichtig, wenn Leute, die „das ganze Jahr keine Kirche dreckig machen“, beharrlich darauf hinweisen, sie würden einen regelmäßigen Kirchgänger kennen, der ein schlechter Mensch sei. Doch die Frage gilt: Wieso macht der Gottesdienstbesuch die Christen wirklich nicht zu besseren Menschen?

Wieder andere sagen: „Die Kirche ist viel zu politisch. Zuerst hat sie für den Kaiser gebetet und dann für den Führer und jetzt beten sie wieder für irgendein Land in der Dritten Welt oder mischen sich in die Innenpolitik eines Nachbarlandes ein. Die Frage gilt: Christen sollen sich nicht einseitig entrüsten. Wer für die Juden betet, sollte nicht die Palästinenser vergessen.

Wieder andere werfen der Kirche vor, dass sie sich um Flüchtlinge und Asylanten kümmert und sich auf einmal geradezu auffällig der Homosexuellen annimmt. Und wieder gilt die Frage: Sollte sich die Kirche nicht ihren Mitgliedern besser vermitteln, als sie mit einer besonderen Lust zu schockieren und zu provozieren?

Und wieder andere …

Aber das Erbauliche an dieser Kritik ist: Wer die Kirche kritisiert, steht nicht außerhalb, sondern er arbeitet an ihrer Reformation. Denn wenn die Kirche nicht mehr kritisiert wird, dann ist sie tot!

Land der Depressionen und der Mozartkugeln

Da muss man eine Schweizer Zeitung lesen, um seinen ramponierten Nationalstolz endlich wieder einmal aufpolieren zu können. Das tut gut in einer Zeit, in der es im Hinblick auf unseren politischen Instinkt „in" geworden ist, über uns Österreicher herzuziehen.

Nicht so die Schweizer Zeitung: Hier konnte man lesen, dass die Österreicher drauf und dran sind, die Weltrekordler im Rekordhalten zu werden. Dabei fällt allerdings auf, dass es vor allem recht skurrile Rekorde sind, die die „großen Söhne und Töchter" aufstellen – ja vielleicht wird man schon in einigen Jahren bewundernd vom spleenigen Österreicher reden.

Da gibt es eine Weltmeisterin im Schnellnähen, die ein Kleid in zwei Minuten und vier Sekunden schafft, und den Weltmeister im Dauerkniebeugen: 3013-mal hat er es gemacht; und den Weltmeister im Telefonbuchzerreißen.

Österreicher haben den längsten Zahnstocher geschnitzt, fast 26 Meter, das größte Fußballmatch gespielt: 101 Mann gegen 101 Mann; den größten Sessel, die größte Lederhose hergestellt. Und erst im Essen, da sind die Österreicher sowieso unschlagbar. Da gibt es den größten Tiroler Knödel, 171 Kilogramm; die größte Mozartkugel, mit einem Meter Durchmesser, das größte Wiener Schnitzel, achteinhalb Quadratmeter.

Bei solchen Ehrfurcht gebietenden Leistungen vergisst man beinahe, dass die Österreicher auch auf weniger glänzenden Gebieten mit Rekordleistungen aufzuwarten haben – wie zum Beispiel bei der Zahl der Selbstmorde, der Autounfälle, der Krankheiten und Depressionen.

Nicht vergessen sollte man die Überraschungsrekorde. Wer baut schon ein Atomkraftwerk fertig und nimmt es dann nicht in Betrieb? Wer bereitet schon eine Weltausstellung mit allen Schikanen vor und lässt sie dann durch eine Volksabstimmung verhindern?

Und nirgendwo lässt es sich so angenehm leben. In keinem Industriestaat beginnt das Pensionistenleben so früh. Von 100 Männern zwischen 60 und 64 sind in Österreich bereits 79 in Pension, in den USA 44 und in der Schweiz nur 17; hierzulande nähert man sich dem Jenseits so rüstig wie möglich.

Da sollen die Herren Tiefenpsychologen nur kommen und sagen, dass unsere einmaligen Rekorde etwas mit unbewältigter Vergangenheit und den dazugehörigen Minderwertigkeitskomplexen zu tun haben. Hier irren unsere Kritiker. Oder, wie eine liebe alte Dame gesagt hat: „Wir Österreicher haben ja noch nie unsere

Vergangenheit bewältigt – warum sollten wir es ausgerechnet jetzt tun?“

Zigeunermusik

Zigeunermusik ist etwas Wunderbares. Zigeunermusik gehört zum großen Reiz einer Ungarnreise alten Stils. Ja, Schmarrn – wo kann man sie denn noch hören? Es war in Kecskemet, ein modernes Hotel mit einem großen Speisesaal. Nach dem Essen kommen die Zigeuner: rassige, dunkelhäutige Männer mit glühenden Augen – ganz nach Klischee, wie in einem alten Film. Und was spielen sie? „Machen wir's den Schwalben nach“ und danach den Donauwalzer. Als die Zigeuner an unseren Tisch kommen, sage ich: „Ich will etwas schönes Trauriges hören.“ Und mein Wunsch wird erfüllt: melodiös, rhythmisch und sentimental! Ich gebe mich meiner Stimmung hin und spüre Tränen aufsteigen. Aber kaum sind sie fertig mit diesem Stück, spielen sie schon wieder ein „Fremdenverkehrslied“. Zum Kuckuck, ich will in echter Zigeunermusik baden, aber der Touristenkitsch hat sich gegen mich verschworen. Wo sind die Zeiten, als man zu den Zigeunern gegangen ist, um sich gesundfideln zu lassen?

Muss die Sentimentalität, müssen Wehmut und Melancholie das Tageslicht scheuen? Sind alle romantischen Gefühle von der Öffentlichkeit verbannt? Sind also melancholische Stimmungen und Gefühle etwas Peinliches, vielleicht sogar etwas Unanständiges? Warum darf man nicht auch die Traurigkeit und Depression in aller Ruhe auskosten?

Kaum ist einer traurig, wird er schon zur Beherrschung ermahnt. Kaum hat einer Tränen in den Augen, werden sie schon von gezückten Taschentüchern bedroht. Warum darf man nicht ungestört traurig sein? Warum darf man nicht ungestört weinen? Warum darf man nicht ungestört von selbsternannten Tröstern sein? Warum stöbern einen die Aktivisten der „Lebenshilfe“ noch in den letzten Winkeln auf, in die man sich schutzsuchend verkrochen hat?

Ich schreibe das ganz bewusst als Pfarrer, also als einer, von dem man glaubt, dass er trösten muss, weil er für jeden ein passendes Trostpflaster vorbereitet hat. Ich wehre mich gegen meine Verurteilung zum Trösterling. Ich will lieber helfen beim Weinen, beim Traurig- und Sentimentalsein. Ich will lieber Mut machen, auch die Traurigkeit auszukosten, auch das Leid zu verzehren, die Wehmut zu gestalten.

Es wäre schön, wenn im Herbst die Zigeuner in der Kirche spielen würden.

Die Rechenkünste der Neandertaler sind wahrscheinlich nicht sehr groß gewesen, aber zum Zählen der erlegten Beutetiere wird es schon gereicht haben. Aber diese so idyllischen, mathematiklosen Zeiten sind leider längst versunken. Die Fähigkeit, mithilfe von Zahlen die Wirklichkeit zu bändigen, hat ja im Laufe der Jahrhunderte einen geradezu stürmischen Aufschwung genommen. Man bedenke – was für eine Erweiterung des Horizonts.

Wenn man zum Beispiel einem Dreizehnjährigen verrät, das 1 1/3 Hühner in 4/9 Tagen 1/32 Eier legen, dann rechnet der glatt aus, wie viele Eier ein halbes Huhn in einer Woche legt. Aber das ist noch gar nichts, seit die Computer zu den unentbehrlichen Ministranten einer berechnungswütigen Menschheit geworden sind. Denn irgendwie scheint man ja nun allmählich alles berechnen zu können. Man muss nur möglichst viele Daten haben und Zusammenhänge entschleiern.

Begnadete Herren in weißen Mänteln – character indelebilis mathematicus – ersinnen nun komplizierte Programme und beantworten Fragen, an deren Beantwortung sich nicht einmal das legendäre Prognosezentrum der Antike, das heilige Delphi, gewagt hätte.

Kriege, Krisen, Wahlkampagnen – alles ist in den Griff zu kriegen. Vielleicht – so träumen einige Nervenstarke – eines Tages sogar das Sterbedatum. Man füttert den

Computer mit allen Befunden, und schon weiß man, „wann's aus wird sein". Und was werden die glücklichen Berechner tun, wenn sie alles ausgerechnet haben?

Eine alte Legende erzählt: In früheren Zeiten, als der liebe Gott noch in menschlicher Gestalt auf Erden ging, war den Menschen ihre Zukunft bekannt – ja, sogar ihren Todestag wussten sie. Einmal hat der liebe Gott einen Mann getroffen, der um seinen Garten einen Zaun aus kleinen Sträuchern angelegt hat. Da hat der liebe Gott gelacht und gesagt: „Der Zaun wird nicht lang halten, deine Arbeit hat gar keinen Zweck." „So lange, wie ich lebe", hat der Mann gesagt, „wird er wohl halten, denn morgen früh um sechs Uhr muss ich sterben – und länger braucht der Zaun auch nicht zu halten." „Wenn das so ist", hat sich der liebe Gott gesagt, „dass jeder nur für sich sorgt, so soll von jetzt an niemand mehr den Tag und die Stunde seines Todes wissen."

Eine verblüffende Pointe: Je mehr die Menschen berechnen können, desto berechnender werden sie. Und was sie nicht ausrechnen können, wird sie menschlicher machen.

Handymanie

Das Leben wird zur Kommunikation! Hat jetzt endlich das Zeitalter der Liebe, der Fürsorge und der Hilfe begonnen. Jetzt, da wir bald alles übereinander wissen können? Aber es scheint nicht ganz zu klappen. Mit Erschrecken fangen die Menschen an zu begreifen, dass sie in einem Kommunikationsnetz gefangen sind wie die Fliegen in einem Spinnennetz. Und sie rütteln ohnmächtig an ihren elektronischen Ketten – ausgeliefert einer totalen Überwachung und Kontrolle. Die Pikanterie: Die dazu nötigen Geräte haben sie sich selbst gekauft.

Der Mensch wird zum gläsernem Menschen, zerbrechlich, verletzlich – leicht zerstörbar. Der Mensch ist dem Menschen plötzlich in einer Art und Weise ausgeliefert, wie es der biblische Mensch nur seinem Gott gegenüber erlebt hat.
Also – der Kommunikationspsalm 139:

Gott, du erforschest mich und kennst mich.
Ob ich sitze oder aufstehe, du weißt es;
du merkst auf meine Gedanken von ferne.
Ob ich gehe oder liege, es ist dir bekannt;
mit all meinen Wegen bist du vertraut.
Ja, es ist kein Wort auf meiner Zunge,
das du, Gott, nicht genau kennst.
Wohin soll ich gehen vor deinem Geist?
Wohin soll ich fliehen vor deinem Angesicht?

Die Welt wird zum Käfig. Gott zum Gefängniswärter. Da erschrickt einer mitten im Gebet. Vor Gott bin ich aufgedeckt. Es ist zum Davonrennen. Aber wie denn? Und ein Mensch erlebt, dass Gott zu ihm sagt: „Mir kommst du nicht aus." Aber unseren modernen Info-Spielzeugen kommen wir auch nicht aus. Eine „schöne, neue Welt" im 3. Jahrtausend? Psalm 139 entsprechend adaptiert?

Computer,
du erforschst und du kennst mich.
Ob ich sitze oder stehe,
die Polizei weiß es.
Meine Gedanken durchschaut sie von ferne.
Ob ich gehe oder liege,
die Krankenkasse ist um mich:
Sie ist vertraut mit allen meinen Wegen.
Das Wort liegt mir noch nicht auf der Zunge –
und meine Bank kennt es bereits.
Sie umgibt mich von allen Seiten
und legt ihre Hand auf mich.
Wohin könnte ich gehen
vor meiner Partei;
wohin vor ihrem Antlitz entfliehen?
Steige ich hinauf in den Himmel,
die Kirche ist schon dort;
verberge ich mich in der Unterwelt,
auch dort wird mich ein E-Mail erreichen.
Fliege ich mit dem Morgenrot zum äußersten Meer,
auch dort wird die Hand des Finanzamtes
mich ergreifen und seine Rechte mich fassen.
Sage ich: Finsternis soll mich bedecken.

Nacht statt Licht mich umgeben –
so ist auch die Finsternis nicht finster
für mein Handy:
Und sein Display wird leuchten wie der Tag.
Erforsche mich Gott und sieh mir ins Herz.
Und befreie mich von allen,
die so viel wissen von mir wie du.

Müssen wir nicht neue Menschenrechte formulieren?
Müssen wir nicht die Menschenrechte neu formulieren?

Ich will ein freier Mensch sein.
Ich will nicht jederzeit und überall erreichbar sein.
Ich möchte in meiner Wohnung nicht von Faxen überschwemmt werden.
Ich möchte keinen Anrufbeantworter haben,
ich möchte selbst antworten.
Ich möchte Zeiten erleben,
in denen ich wirklich allein sein kann –
und niemand weiß, wo ich bin.
Ich möchte nicht vor lauter Infos handlungsunfähig werden.
Ich will nicht zum Plastikmenschen werden.
Ich will, dass nur du, Gott,
alles über mich weißt.

Die Angst des Pfarrers vor dem Verstandenwerden

Es war eine Sternstunde für Pfarrer A. So wie er dieses Mal predigte, so hatte er noch nie gepredigt – so eindringlich, so voll des Heiligen Geistes. Es war direkt spürbar still in der Kirche, aber es war nicht diese schläfrige Stille, die manchmal eine Predigt begleitet. Nein, es war eine geradezu kreative Stille. Jeder Zuhörer schien die aus dem Herzen des Pfarrers kommenden Worte bereitwillig aufzunehmen. Heute habe ich sie alle, dachte sich der Pfarrer, aber er verwarf diesen Gedanken schnell, weil er ihm zwar berechtigt, aber doch etwas zu arrogant und selbstgefällig vorkam. Übrigens legte der Pfarrer der Gemeinde die Geschichte „vom reichen Jüngling" aus. Aber bei aller Sympathie für diesen jungen Mann – auch Jesus hatte ihn ja sympathisch gefunden – kam er bei Pfarrer A. nicht gut weg. Zugegeben, er hatte alle Gebote erfüllt, aber an der entscheidenden Forderung Jesu Christi war er eben gescheitert: „Willst du vollkommen sein, dann geh hin, verkaufe. was du hast, und gib es den Armen und du wirst einen Schatz in den Himmeln haben; und komm, folge mir nach." Und Pfarrer A. gab natürlich aus tiefster Überzeugung diese Forderung Jesu Christi an seine Gemeinde weiter. Und dann beim Kirchenausgang – nicht nur die übliche Freundlichkeit, sondern heißer Dank für diese wunderbare Predigt.

Einige Zeit später läutet es beim Pfarrer. Ein gut gekleideter Mann, so um die 50, steht vor der Tür und möchte den Pfarrer sprechen: „Herr Pfarrer“, sagt er, „ich habe alles, was ich hatte, verkauft und das Geld den Armen gegeben. Hier bin ich. Wie geht es jetzt weiter?“ Da fühlt sich Pfarrer A. aber gar nicht mehr wohl in seiner Haut und denkt sich: Warum muss das gerade mir passieren?

Und in der nächsten Zeit tat er sich recht schwer mit dem Predigen. Und er verlangte fast gar nichts mehr von der Gemeinde, weil er Angst hatte, das könnte wieder einer wörtlich nehmen – und er hätte den nächsten Betriebsunfall nach einer Predigt gehabt. Sicher, er wollte immer noch von seinen Zuhörern verstanden werden, aber ja nicht zu gut.

Ist das vielleicht der tiefere Grund, warum manche Pfarrer und Pfarrerinnen bewusst oder eher unbewusst so unverständliches Zeug daherreden – und das oft in einer öligen, schmalzigen und betulichen Sprache –, weil sie Angst haben, dass die lieben Leute sonst genau das tun, was sie ihnen gepredigt haben – und ihnen dann zur Last fallen. Könnte es vielleicht sogar sein, dass manche Pfarrer daher gar nicht mehr damit rechnen, dass jemand die Konsequenzen aus ihrer Predigt zieht?

Container – Kloster

Mögen sie in der Wiener Staatsoper die olle Zauberflöte spielen – draußen vor der Oper, da wird das wahre Theater geboten: kein Zaubermärchen des längst verstorbenen österreichischen Playboys Mozart, sondern die „moralische Anstalt“ eines Herrn Schlingensief.

Schlingensief, ein moderner Aktionist – er tummelt sich gleichzeitig auf der Straße, im Fernsehen und im Internet – und sein künstlerischer Berater, ein pensionierter Höchstrichter auf Abwegen, zeigen den schlappen Österreichern, was eine Harke ist.

„Bitte, liebt Österreich“ nennt sich die „teutonische Operette“, die der Welt das wahre, also das scheußliche Österreich vorführen soll.

„Liebe Touristen, schießen Sie ihre Fotos. Schicken Sie sie hinaus in die Welt. Zeigen sie den Leuten da draußen das wahre Österreich. Konfrontieren sie die guten Menschen mit dem Bösen, das hier in reinster Form regiert.“

Also ruft Herr Schlingensief durch ein krächzendes Mikrofon. Zu sehen sind Bretterverschläge, Haider-Zitate, FP-Flaggen, ein Kronenzeitung-Transparent, der Slogan „Ausländer raus“. Im Container spielen zwolf Schauspieler Asylanten, die durch Telefonanrufe des „Publikums“ einer nach dem anderen abgeschoben werden können. Merke – das ist Österreich.

Herr Schlingensief, der emsige EU-Aktionist, bemüht sich redlich, ein treuer Botschafter seines Bundeskanzlers

Schröder zu sein. So wie der Politiker sich mit einer verdächtigen Beharrlichkeit bemüht, die EU-Sanktionen gegen Österreich am Kochen zu halten, so macht es „der treue Diener seines Herrn“ mit den Mitteln der „Kunst“.

Ehrlicherweise haben Herr Schlingensief und sein Ex-Oberlandesgerichtsrat im ATV-Fernsehen zugegeben, dass sie ihr Spektakel in Deutschland eher nicht aufführen können und wollen. Und das ehrt sie. Schließlich gibt es ja in EU-Ländern wie Deutschland, Frankreich, Belgien etc. nicht so scheußliche Events wie in der immer noch austro-faschistischen Alpenrepublik. Verblüffenderweise sollte Schlingensiefs Horrorspiel „Bitte liebt Österreich“ eine kritische Antwort auf das Telediktatorial „Big Brother“ – Spielen wir doch ein paar Wochen DDR! – sein.

Da lass ich mich schön bedanken, Bruder Schlingensief.

Menschen, die selber sehr engagiert sind, können natürlich verstehen, warum Herr Schlingensief nach Wien geflohen ist. Er hatte die Faulenzer-Container-Klöster des deutschen Privatfernsehen einfach satt. Wenn schon Kloster, dann mit Ideologie. Im Wiener Container-Event „Taxi orange“ mussten die Insassen wenigstens zwischendurch Taxi fahren. Da rührt sich selbst bei einem eingefleischten Protestanten eine gewisse Sehnsucht nach einem guten alten katholischen Kloster.

Wer weiß denn, ob es sie wirklich gegeben hat, diese Spaßgesellschaft, auch wenn jetzt gewisse Kreise ihr Ende heraufbeschwören. Natürlich gibt es seit dem alten Ägypten eine Gesellschaftsschicht, die es sich leisten kann, ein Leben mit viel Freude, Vergnügen und Vergnügungen zu führen. Eliten der Macht und des Geldes pflegen kaum nachdenklich zu werden, wenn sie ein Leben voller angenehmer Aspekte führen, weil sie das für selbstverständlich halten. Wenn sich aber – aus welchen Gründen auch immer – der Kreis derer, die ein vergnügliches Leben führen können, ausweitet, ja, wenn sich womöglich gewisse Bevölkerungsschichten ihren Spaß noch mit Gewalt erkämpfen, dann greifen die etablierten Spaßeliten erwartungsgemäß zur kulturpessimistischen Kritik: Kann sich schon jede Proletin einen Nerzmantel leisten und jeder Prolet einen Mercedes. Das Problem ist also nicht der „Spaß", sondern seine zunehmende Demokratisierung. Und hier gibt es natürlich die Unterstützung aus dem Eck der puritanischen Neidgesellschaft. Wem es gelungen ist, in seinem Glaubenskonstrukt aus Christus ein düsteres Gespenst zu machen, der will sich wenigstens an den Lastern der Spaßgesellschaft berauschen – natürlich in allen kritischen Ehren. Die Wiener Journalistin Barbara Coudenove-Kalergi hat aus gegebenem Anlass darauf hingewiesen, dass die angebliche Spaßgesellschaft mit ihrer Political, Social and Religious Correctness keinen Vergleich mit der nostalgischen Sündergesellschaft ihrer Großeltern scheuen muss.

Ebenso gibt es die kaum hinterfragte traditionelle Überzeugung gläubiger beziehungsweise ungläubiger Puritaner, dass Katastrophen die Menschen grundlegend ändern könnten. Daher wurde natürlich rasch der 11. September 2001 zum Ende der „Spaßgesellschaft" erklärt. Aber die Realität hat diese Katastrophenpädagogik noch immer wiederlegt.

Das älteste Beispiel sind die ägyptischen Plagen im Alten Testament. Pharao ist durch diese Katastrophen nicht gescheiter geworden, sie haben ihn nur noch sturer gemacht und sein Herz verstockt. Und von da an zieht sich eine Kette von Katastrophen, die immer mit der romantischen Erwartung verbunden waren, die Menschen würden sich unter dem Eindruck dieser schrecklichen Geschehnisse ändern. Gut gemeint und naiv hat man sich immer eingeredet, die Welt sei nach dieser Katastrophe eine andere geworden und daher könnte es keinen Rückfall in alten Wahn, in alte Verbrechen geben. Diese Hoffnung hatte die Menschheit nach Auschwitz, nach Hiroshima, nach Tschernobyl und eben nach dem Terroranschlag vom 11. September 2001 in New York und Washington. Aber schon nach wenigen Wochen stellt sich immer wieder heraus, dass Katastrophen kein Argument sind und nur für kurze Zeit etwas bewirken. Katastrophenpädagogik ist letztlich etwas für faule Hunde.

Und darum ist allen, die sich schon zum Begräbnis der „Spaßgesellschaft“ fertig gemacht haben, zu empfehlen, die Trauerkleider schleunigst auszuziehen.

Frommsein ist kein Vergnügen

Für viele Menschen hat das Christentum in erster Linie mit Verboten zu tun. Wer ein richtiger Christ sein will, so vermuten sie, darf eben eine ganze Reihe von Dingen nicht tun, die sich andere Leute durchaus ungeniert herausnehmen. Und dieser Ansicht ist auch durchaus zuzustimmen.

Hunderte Millionen Christen könnten die Welt in Erstaunen versetzen, wenn sie sich konstant und beharrlich weigerten, bei all dem mitzumachen, was nach Unmenschlichkeit riecht. Man stelle sich nur einmal vor: In den reichen, mächtigen, zivilisierten Ländern machen Millionen nicht mit, wenn es um Wettrüsten, um Abschreckung, um Unterdrückung, um Zerstörung der Umwelt geht.

Im Geist der Bergpredigt ließe sich dann von Christen erwarten, dass sie nicht nur für etwas weniger Wettrüsten eintreten, sondern für Abrüstung; nicht für etwas weniger Waffenproduktion, sondern überhaupt für deren Stilllegung; nicht für etwas weniger Hunger für zwei Drittel der Menschheit, sondern für die Beseitigung des Hungers.

Nur jene Menschen, die für gewöhnlich das so genannte Christentum mit Verboten verbinden, pflegen sich in viel harmloseren Gefilden zu bewegen. Nein, hier geht es nicht um Weltbewegendes, Allumfassendes, geschweige denn um so etwas wie die schmutzige Politik. Nein, hier geht es um Menschliches, ja allzu Menschliches.

Hier sitzt der Teufel nicht in der Struktur, sondern im Detail. Hier ist der Mensch im Grunde genommen gut, man muss ihm nur seine „teuflischen" Unarten abgewöhnen. Und die Experten dieser Art christlicher Detailethik sagen einem gerne, worum es dabei geht. Man muss alle literarischen, filmischen und sonstigen Schweinereien meiden, das Kartenspiel, gewisse Tänze, den Alkohol und das Rauchen. Denn ein Christ ist ein Nichttrinker, Nichtraucher, ein Nicht-..., na, man weiß schon!

Und diese Art von Frömmigkeit feiert erstaunlicherweise immer noch fröhliche Urständ. Verkämpft sich um persönliche Vollkommenheit und resigniert vor der Verachtung der Menschenrechte. Als Karl Barth, der große evangelisch-reformierte Theologe, einmal von selbstbewussten Frömmlern gefragt wurde, wie er es verantworten könne, als Christ zu rauchen, da hat der große alte Mann gesagt: „Meine Herren, Hitler hat auch nicht geraucht!"

Es ist wohl höchste Zeit, dass die Christen anfangen, die von ihnen propagierten Tugenden gründlich zu überdenken.

Ist der Bischof cool?

Wenn der Bischof ein schöner Mann ist und eitel in jeder Hinsicht, dann ist er nicht cool. Wenn er in Fellinis „Roma“ zu Gast bei der Papstmodenschau war und von zukünftiger noch größerer Pracht geträumt hat, dann ist er nicht cool. Wenn er Rom übel nimmt, dass dieses linksprogressive 2. Vatikanische Konzil alle diese Schärpen und Fransen und Quasten und purpurnen Accessoires des feschen bischöflichen Outlooks abgeschafft hat, dann ist er nicht cool. Wenn der Bischof gar nur ein evangelischer Bischof ist und sich trotzdem in römisch-katholischer bischöflicher Herrlichkeit geriert, dann ist er nicht cool. Und wenn er womöglich auch sonst noch in seiner Politik, in seiner Theologie, in seiner Liturgie und in seiner Predigt ein eitler Tropf ist, dann ist er nicht cool. Aber manchen Bischöfen ist die Gnade zuteil geworden, dass sie Gott selbst cool gemacht hat.

Eines Tages bekam ein evangelischer Bischof einen Anruf. Er sollte einen Patienten in der geschlossenen Abteilung eines psychiatrischen Krankenhauses besuchen. Da der Bischof den Mann aus früherer Zeit kannte, kam er dieser Bitte gerne nach. Lange sprachen die beiden miteinander. Der Bischof hatte sich richtig verplaudert. Ein Blick auf die Uhr ließ ihn schleunigst Abschied nehmen, doch er konnte das Krankenzimmer nicht verlassen. Türen in einer geschlossenen Abteilung haben bekanntlich keine Klinken – und vom Pflegepersonal war weit und breit niemand zu sehen. In seiner Ratlosigkeit begann er, gegen die Tür zu trommeln. Endlich – nach einiger Zeit kam jemand und rief beruhigend: „Na, was ist denn los da, warum machen Sie denn so einen Wirbel?“ Daraufhin der Bischof ganz entrüstet: „Lassen Sie mich sofort hinaus, ich bin schließlich der evangelische Bischof!“ Der Pfleger begann schallend zu lachen, er konnte sich kaum beruhigen. Dann aber rief er durch die Tür: „Also wissen Sie – mit sowas können Sie mich nicht beeindrucken. Schließlich wohnt bei uns auch der Kaiser von China und drei Zimmer weiter der Napoleon, ja, sogar den lieben Gott haben wir auf unserer Station.“ Es dauerte eine ganze Weile, bis es dem Bischof endlich gelang, den Pfleger davon zu überzeugen, dass er tatsächlich ein hoher kirchlicher Würdenträger sei.

Dieser Bischof war ein weiser Mann und verstand sein Erlebnis als eine Art Gleichnis – sonst hätte er es ja übrigens gar nicht weitererzählt. Und das Fazit, das er lächelnd daraus zog: „Im Narrenhaus sind eben hohe Titel gefährlich! Hätte ich dem Pfleger gesagt, ich sei der Hauselektriker, hätte er sich entschuldigt und mich sofort hinausgelassen. Man glaubt gar nicht, wie rasch aus den Ersten die Letzten und aus den Letzten die Ersten werden können.“

Vom schönen Schein der Vordergründigkeiten

So sollte die Wirklichkeit sein: rosa wie die Wolken, wenn die Sonne untergeht, die Morgenröte und der Frühling; rosa wie ein Schweinderl, der Regenwurm und der rosarote Panther; rosa wie ein Hummer, Tropenfische und ein Affenpopo. So sollte die Wirklichkeit sein: rosa wie eine Rose, eine Gerbera, Löwenmäulchen; rosa wie ein Baby, rohes Fleisch und Engländer in der Sonne; rosa wie Roséwein, Pudding und Himbeereis.

Und könnte nicht auch unsereins rosa sein? Und rosa Augen haben und rosa Wimpern; rosa Haare und rosa lackierte Fingernägel; rosa Bäckchen und einen Leib mit rosa Narben geschmückt; Zähne, die rosa geworden sind von den vielen gefärbten Sachen, die man gegessen hat.

Rosa ist das falsche Gebiss, die Illusion, die Heuchelei und der Lottoschein. Rosa lieben kleine Mädchen und alte Damen. Wenn rosa den Schickimickis in die Hand fällt, dann ist es „in“ und heißt pink.

Rosa Geschichten gibt es viele, von der Strampelhose bis zur Rosenhochzeit. Ohne Rosa keine Religion, kein Aberglaube. Rosen gibt es von Luther und in der Reformierten Stadtkirche in Wien, Rosen zieren postunschuldige Bräute und machen aus jedem Drama eine Operette.

Politiker verstehen viel von Rosa – ein rosa Atomkraftwerk, rosa Flusswasser, rosa Chemiestaub auf grünen Blättern: Das ist schick, das kann gar nicht gefährlich sein.

Rosa ist eine Adventkerze, der Kranz bei der Aufbahrung, der Rosenquarz für die „New-Ager“ und die „Hildegardianer“, die Grundsätze der Pensionsreformer.

Don’t think pink, pink is shocking! Rosa hat viele Nuancen: von altrosa bis hellrosa, marzipanrosa, lachsrosa und zuckerlrosa. Nicht jede Lüge ist rosa. Und wer blau agiert, muss rosa malen.

Vision in Rosa: Ein Pfarrer aus rosa Marzipan will mir eine rosarote Brille aufsetzen, damit ich meine Schuppenröschen und meine Gürtelrose für Sommersprossen halte, aber ich mag kein evangelikales Marzipan.

Könnte sich irgendjemand Christus in Rosa vorstellen? Nur die angebliche Wirklichkeit muss sich rosa herausputzen.

Hure, ein biblischer Beruf

Die anständigen und braven Leute werden keine Freude mit mir haben, wenn ich ihnen empfehle: Nehmen sie sich doch ein Beispiel an Huren und korrupten Zollbeamten! Jesus hat bekanntlich die prominenteste Hure des Alten Testamentes im Stammbaum und dazu eine auffällige Sympathie für diese Leute gehabt. Warum? Weil ausgerechnet Zöllner und Huren ihn verstanden und aufgenommen haben. Und das stellt dieser Jesus noch ausdrücklich vor den religiösen Autoritäten seiner Zeit fest: „Die Zöllner und die Huren kommen vor euch in das Reich Gottes. Denn Johannes der Täufer ist zu euch gekommen und hat die Gerechtigkeit gepredigt. Und ihr habt ihm nicht geglaubt. Aber die Zöllner und Huren haben ihm geglaubt." So zu reden, das ist ein Skandal. Huren als Beispiel hinzustellen. Ordentliche Pfarrer und Pfarrerinnen reden nicht so wie Jesus. Und sie reden auch nicht so wie der Dr. Luther. Denn auch für Luther waren die Huren weder ein Problem für die Kirche noch für die Gesellschaft.

„Nicht mit ‚armen Hürchen' hat es die heilige Schrift zu tun", so Luther, „sondern mit geistlichen Würmern und Skorpionen, die vor der Welt scheinheilig tun und große Frömmigkeit vorgeben."

Und so ist es erstaunlicherweise bis heute geblieben. Huren machen sich keine Illusionen über sich. Aber die Würmer und Skorpione, die durch das öffentliche Leben kriechen und sich harmlos geben – diese Leute sind es, die die Menschen stechen und vergiften. Ob man Hurenhäuser einrichten soll, darüber wird von Politikern eifrig diskutiert – wo doch dann die Moral und so. Ob man aber „Pharisäer-Häuser" einrichten soll, darüber braucht gar nicht diskutiert zu werden, denn die hat es auch immer gegeben, und sie sind nie gesperrt worden. Und was die Moral betrifft, so haben die „Pharisäer-Häuser" – nach der Überzeugung der Pharisäer – die

Moral nicht nur nicht gefährdet, sondern sie haben sie sogar geschützt und gestützt – die Pharisäermoral. Jesus und der Dr. Luther haben die geistlichen Würmer und Skorpione verurteilt, aber Kirche und Gesellschaft verurteilen noch immer die Huren und den Pharisäern verleihen sie Orden und Auszeichnungen.

Können Sie nicht normal reden, Herr Pfarrer?

Wenn sie wenigstens lateinisch reden würden, die Pfarrer, damit man sie nicht versteht. Aber – so sagen ihre Kritiker – so manche Pfarrer sprechen eine dem Deutschen verwandte Geheimsprache, eine Art pastorales Kauderwelsch, dessen Bedeutung nur die gutmütigste und frömmste Seele erahnen kann. Wenn man allerdings die Wirkung solcher geistlichen Redeweise betrachtet, dann versteht man, warum Karl Marx die Religion „Opium fürs Volk" genannt hat.

Dabei hat Luther seinen nachfahrenden Kollegen und Kolleginnen immerhin das Sprachrezept hinterlassen: „dem Volk aufs Maul schauen." Aber eine reformatorische Schwalbe oder Nachtigall macht noch keinen sprachlichen Sommer. Denn Luthers Nachfolger sind oft die Opfer ihrer gut gemeinten Pietät geworden und haben statt dem Volk dem Luther aufs Maul geschaut.

Dass man wirklich eine verständliche Sprache, ja sogar eine gute Theologie lernen kann, wenn man dem Volk aufs Maul schaut, das habe ich oft erlebt. Ich hatte ein Begräbnis auf dem Sieveringer Friedhof in Wien. Ich hatte bereits meinen Talar an und wartete darauf, vom Kreuzträger abgeholt zu werden. Da hörte ich, wie einer der Sargträger zum Kreuzträger sagt:

„Also Karl, nimm den Betriebsrat und geh!“ Ich war zuerst verblüfft. Zum „Crucifixus“ sagte der „Betriebsrat“? Sollte das Spott sein? Aber damit meine Fantasie nicht mit mir durchgeht, fragte ich den Kreuzträger nach dem Begräbnis, wie das mit dem „Betriebsrat“ gemeint war.

Und er: „Schaun’s, Herr Pfarrer, das is net bös’ g’meint, wann wir so zum Christus sagen. Weil, der „Betriebsrat“, das ist einer von uns, genau so ein Mensch wie wir. Der geht uns voran und schaut auf uns alle; und er tut etwas für uns, auch wenn er selber dabei ein’ Nachteil hat.“

Ich war beeindruckt. Was ich da zu hören bekam, war im Grunde genommen ein modernes Glaubensbekenntnis. Als Pfarrer sind mir natürlich alle möglichen biblischen Titel für Jesus vertraut, aber „Betriebsrat“? darauf wäre ich nie gekommen – trotz Theologiestudium.

Und jetzt ist mir auch klar, woher Abraham a Sancta Clara und Luther ihre Sprache haben. Sie haben wirklich ganz normalen Menschen zugehört – und eine Menge dabei gelernt.

Das Problem mit den Fundamentalisten und anderen Rechtgläubigen

Das religiöse Angebot hierzulande ist längst so groß geworden wie das Weinangebot. Darum wird die Frage erlaubt sein, woran sich der potenzielle Religionskonsument eigentlich orientieren kann. Denn der Konsument hat ebenso längst gemerkt, dass ihm die Pseudotoleranz – „Weil mir jede Religion egal ist, sollen sie alle gleichberechtigt sein" – mancher Meinungsmacher nicht weiterhilft. Hier könnte die Einführung eines „Religionsgütesiegels" helfen.

Durch das Gütesiegel weiß der „religiöse Konsument", was ihn erwartet; und sein Vertrauen gründet sich darauf, dass dieses nach objektiven Kriterien vergeben wird. Allen religiösen und pseudotoleranten Eiferern zum Trotz sei hier festgestellt, dass sich solche objektiven Kriterien auch leicht für Religionen und Konfessionen erstellen lassen.

Zu diesen objektiven Kriterien gehören zuerst einmal die Modalitäten des Eintritts. Offene, ehrliche Werbung ist erlaubt, die Entscheidungsfreiheit der Angesprochenen muss garantiert sein. Jede Manipulation, Nötigung oder Ausnützung persönlicher Notsituationen ist verboten. Ebenso muss jederzeit die Möglichkeit des Verlassens einer Religionsgemeinschaft garantiert sein. Verhindern doch gerade viele Sekten den Austritt durch psychische Erpressung oder dadurch, dass sie ihre Mitglieder in finanzielle Abhängigkeit gebracht haben.

Der Staat wird auch gut daran tun, seine Bürger vor unzumutbaren Geldforderungen der Religionsgemeinschaften zu schützen. Die Entmündigung vieler Sektenmitglieder geschieht eben nicht nur durch „Gehirnwäsche", sondern auch durch finanzielle Entmündigung. Nicht nur weil der Calvinismus zu den Wurzeln der europäischen Demokratie gehört – religiöse Organisation darf nicht grundsätzlich antidemokratisch sein. Daher ist auch die ökumenische Gesinnung und die klare Absage an jede religiöse Gewalt unverzichtbar. Diese Offenlegung um der Menschlichkeit willen täte allen gut; einige Gruppen, die sich so auffällig um die staatliche Anerkennung bemühen, werden wohl lieber freiwillig auf das „Religionsgütesiegel" verzichten.

Besorgten Eltern, die Angst vor der Verführung ihrer Kinder haben, ist natürlich mit dem Religionsgütesiegel nur bedingt geholfen. Aber vielleicht sollten sie bedenken, dass es eine kostenlose Impfung gegen die verblödende und gefährliche Wirkung des Fundamentalismus und rechtsradikale Sektiererei gibt, nämlich einen guten Religionsunterricht. Hier wird das geistige und geistliche Immunsystem gestärkt.

Well – weller – wellness

Wellness kommt aus der Beauty-Farm – schreien die Werbeplakate. Wellness kommt aus der Beauty-Farm, also pilgern Weiblein und Männlein zum Tempel der Schönheit, wo einschlägige Priesterinnen die Hässlichen, die Verbrauchten, die Schlaffen, die Außer-Form-Geratenen wieder schön machen – oder nur ein bisschen weniger hässlich?

Wellness kommt aus der Beauty-Farm und da kommen sie alle daher mit ihren Gesichtern, in denen alles geschrieben steht: Angst und Schmerz, Enttäuschung und Bitterkeit, Gier und Frustration, Sattheit und unbegründeter Stolz. Und sie alle sagen: „Mach uns schön, Priesterin! Mach uns jung, Priesterin! Dass man die Bitterkeit nicht im Gesicht sieht – und die Gier und die Leere." Wird die Maske halten? Darf die Priesterin zugeben, dass sie nicht zaubern kann? Und die gläubigen Schönheitsanwärterinnen – was müssen sie erlebt haben, dass sie ausschauen, wie sie ausschauen?

Wellness kommt aus der Beauty-Farm. Das ist die Stunde der Versuchung für die Priesterin. Denn die Menschen wollen ihr Gesicht verändern. Sich selbst, ihr Herz, ihre Seele wollen sie nicht verändern. Sie wollen nur gut aussehen, aber gut sein? Und sie sind überzeugt davon, dass ihr Lebensstil, ihre Ideale und Laster, ihre konservative oder progressive Spießigkeit nichts mit ihrem Aussehen zu tun hat.

Die Jünger und Jüngerinnen einer Art „Wellness-Kirche" sind viel naiver als der berüchtigte Dorian Gray des Dichters Oskar Wilde. Der hat sich gewünscht, ewig jung und schön zu bleiben, während nur sein gemaltes Portrait dem Alterungs- und Verwüstungsprozess ausgeliefert sein sollte. Oscar Wilde hätte sich bestimmt einige gute Bonmots über die „wellness-people" einfallen lassen, die ihren derangierten Körper grundsätzlich und jederzeit für verschönerungsfähig halten. Also spiel „den lieben Gott", „die liebe Göttin", Priesterin oder tu wenigstens so. Behandle die Unzufriedenen mit Salben. Gib der Megäre zarte Jugend, verleih dem Playboy Frische, forme Charakterköpfe aus Tränensäcken und Doppelkinn.

Aber auch die Mitglieder einer „Wellness-Kirche" haben natürlich Fairness verdient. Sie bekommen ja etwas für ihr Geld: einen neuen Busen, eine neue Nase, ein glattes Gesicht, mehr Haare, einen neuen Hintern und vielleicht sogar ein längeres Renommierorgan. Und alles sieht so attraktiv aus wie bei den schönen Einheitsmenschen in der Werbung. Nur ihre böse, alte Seele ist ihnen geblieben. Oder sollte die – Gott behüte – auch schon auf ein fesches Normmaß therapiert worden sein?

Abschied vom Christentum oder das Sakrament der Resignation

In End-Zeiten wie diesen wird die Theologie bald mehr Arbeitsplätze schaffen, als man sich vorstellen kann. Zugleich aber wird Theologie als eine Art „gesunkenes Kulturgut“ beziehungsweise in „bischöflicher Verfremdung“ den Infarkt unseres Planeten mit Lamentationen akustisch garnieren. Unter „lamentationes“ sind konkret die „Spirituals mancher Kirchenfürsten“ zu verstehen, die sie aus aktuellem Anlass zeigefingernd-defätistisch zu singen pflegen. Ausnahmen bestätigen „natürlich“ die böse Regel.

Was für eine Zeit, diese Zeit. Vermutlich gab es noch nie bei so vielen Zeitgenossen ein solches feeling für Zukunft. War der Weltuntergang früher einmal ein Thema für Theologen oder visionsgeplagte Propheten, so ist er heute geradezu ein unverzichtbares Fundament für Wissenschaft und Technik, für Kunst, Kultur und triviale Unterhaltung geworden.

Was aber traditionellerweise die Fantasie offizieller kirchlicher Rede beflügelt hat, sind die Schrecken und Gräuel, die nach alter Seher-Ahnung der endgültigen Heilszeit vorgelagert sind. Von einer gewissen hierarchischen Position an hat man eben – scheint's – eine Liaison mit dem Weltuntergang. Von einer gewissen hierarchischen Position an wird die Depression zum Lebensgefühl, wird aus Verantwortung Angst, wird aus Liebe zur Welt Aggression und aus der Nächstenliebe eine Art Sadomasochismus. Ein „Vertreter der Kirche“ sagt ein „Wort“ zur „Welt“ über die Moral et cetera: Nun, was wird er schon sagen? Dreimal dürfen Sie raten! Ja, die Zukunft steckt voller Gefahren.

Darum muss allen Schreckensbildern zum Trotz festgehalten werden: Wer die Menschen erschrecken will, ohne ihnen das endgültige Heil zu predigen, spendet ihnen das „Sakrament der Resignation“.

Überdosiertes, ja, unkontrolliertes und kaum reflektiertes Reden von einer heraufziehenden schrecklichen Zukunft hat nicht zufällig die fast nicht mehr ansprechbare „no-future-generation“, ja, sogar die „Lust am Untergang“ geschaffen. Unheilsprediger sollten sich dem „allgemeinen Wächteramt aller Gläubigen“ aussetzen, um sicher zu sein, dass nicht ein theologisch larvierter Todestrieb ihre Sätze bildet. Das „gute Ende“ gilt es also zu predigen.

Dieses „gute Ende“ wird eben durch Glauben und Handeln „wirklicher“ Christen sakramental vorweggenommen.

Wo das „gute Ende“ verkündet wird und das „sacramentum innovationis“ gereicht wird, da wird die Innovation nicht lange auf sich warten lassen.

Und dann bin ich mit dem moslemischen Taxifahrer ins Gespräch gekommen. Und da er mich schon öfter zu meiner Kirche gebracht hat, habe ich ihm erzählt, dass ich evangelischer Pfarrer bin. Darauf er zu mir: „Wenn jemand bei mir schlecht oder böse redet über Gott, den Propheten oder die Kirche, dann hau ich ihm eine rein!" Also fast ein ökumenisch denkender Moslem, leicht brutal. Und dabei hat er mich so angesehen, als würde er darauf warten, dass ich „bravo" sage.

Das habe ich natürlich nicht getan, aber sofort an einen berühmten Buchautor gedacht, der immer noch um sein Leben zittern muss. Gotteslästerung ist in Österreich kein strafbarer Tatbestand mehr und schmeckt für viele Landsleute nach finsterem Mittelalter. Und so können sie sich nur schwer vorstellen, dass Gotteslästerung für einen frommen Moslem einfach unerträglich ist. Und dass er in der Straffreiheit der Gotteslästerung eine öffentliche Verhöhnung von all dem sieht, was ihm heilig ist.

Unsere mitteleuropäische moderne Rechtsprechung fühlt sich für Beschimpfungen und Lästerungen Gottes, also Blasphemie, nicht mehr zuständig. Möge Gott doch selbst für die Bestrafung seiner Beleidigungen sorgen, sagen die aufgeklärten Zyniker. Geschützt ist allerdings der religiöse Friede in unserem Land.

Für echte Christen ist Gotteslästerung auch etwas Furchtbares. Erstaunlicherweise ist aber auch bei den

Christen nicht so ganz klar, was eine Gotteslästerung eigentlich ist. Denn ausgerechnet Jesus, der Sohn Gottes, ist als Gotteslästerer angeklagt, verurteilt und mit dem Tod am Kreuz bestraft worden. Der russische Dichter Dostojewski hat bei den Christen keine Selbstgerechtigkeit aufkommen lassen: Wenn Christus wiederkäme, da würde ihn jede Generation wieder verhöhnen und verspotten. Christen sollten eigentlich leisetreten in punkto Gotteslästerung. Dieser Christus hat aber erstaunlicherweise gesagt: „Vater, vergib ihnen, denn sie wissen nicht, was sie tun." Von dieser Toleranz könnten sich wohl alle Menschen ein Stück abschneiden.

Aber wie soll ich das meinem moslemischen Taxifahrer beibringen? Da müsste man ja direkt ein christlich-moslemisches Gespräch beginnen.

Das Bett – ein ökumenisches Möbelstück

Man muss es wohl ehrlich – wenn auch nicht neidlos zugeben – "Amerika, du bist frömmer!" Jedenfalls frömmer als das gute, alte Europa. Die Hälfte der Bürger in den USA besucht regelmäßig den Gottesdienst, und 98 Prozent geben an, dass sie beten. Aber das Meinungsforschungsinstitut Gallup hat noch mehr ermittelt: Nur ein Zehntel der betenden US-Bürger geht zu diesem Zweck in eine Kirche, Synagoge oder Moschee.

Bevorzugter Gebetsort ist das Bett, bevorzugte Gebetszeit: vor dem Einschlafen. Und das Fazit des Meinungsforschungsinstitutes: „In den USA wird wahrscheinlich im Bett mehr gebetet als in der Kirche!"

Da dieses Ergebnis laut Gallup für Christen, Juden und Moslems zutrifft, handelt es sich wohl um ein ökumenisches Phänomen. Das Bett ist sozusagen zum ökumenischen Möbelstück geworden. Wer vor dem Einschlafen betet, darf sich als Mitglied einer weltweiten, höchst individuellen Betgemeinschaft fühlen.

Vergeblich habe ich in vielen einschlägigen Büchern geblättert, um herauszubekommen, wieso gerade das Bett zu einem Gebetsort, vielleicht sogar zu einer Art Hauskapelle geworden ist.

Denn die Tradition des Betens kennt ganz andere Orte. Die frühe Menschheit hat unter freiem Himmel gebetet: auf den Bergen, in heiligen Wäldern, an heiligen Seen, in heiligen Höhlen. Und die monotheistischen Religionen rufen zum Gebet in die Kirche, die Moschee, in die Synagoge. Aber was tun die „lieben Gläubigen"? Sie bleiben zu Hause und beten im Bett.

Könnte es sein, dass hier – spät, aber doch, jedenfalls im Christentum – ein Wort Jesu Christi aus der Bergpredigt befolgt worden ist? Nämlich: „Wenn du betest, dann geh in dein Kabinett und schließ die Tür zu!" Was ich hier mit „Kabinett" übersetze – Luther sagt „Kämmerlein" –, meint eigentlich die Speisekammer: Dieser lichtlose Schuppen war im palästinensischen Bauernhaus der einzige Raum, den man versperren konnte. Aber welche Wohnung hat heutzutage schon einen kleinen, versperrbaren Raum, wohin man sich zurückziehen kann, um mit seinem Gott allein sein zu können? Und darum beten die Leute eben gut „jesuanisch“ im Bett, vielleicht sogar mit dem Kopf unter der Decke. Das ist heimelig und heimlich zugleich!

Das Bett in Vertretung des jesuanischen „Kämmerleins“ hat allerdings nicht nur einen Hauch von Bergpredigt an sich. Das Bett signalisiert zugleich, dass Glaube und Religion längst eine Privatsache geworden sind. Der biblische Pharisäer hat in aller Öffentlichkeit gebetet, weil er mit seiner Frömmigkeit angeben wollte. Beim heutigen, beim modernen Pharisäer ist es genau umgekehrt. Der möchte oft in der Öffentlichkeit – vor allen Leuten – mit seiner Gleichgültigkeit, mit seiner Glaubenslosigkeit angeben. Aber heimlich, vor dem Schlafengehen, macht er dann sein Bett zur Kirche und versteckt sein wahres, sein frommes Gesicht hinter den Polstern. Gott, der ins Verborgene sieht, wird es schon sehen und die anderen geht es sowieso nichts an! Man sollte also das antikirchliche Getue vieler Zeitgenossen nicht allzu ernst nehmen, bevor man nicht weiß, was sie im Bett vor dem Einschlafen tun.

Wenn ich nichts geträumt habe, kann ich nichts tun. Wenn ich nichts getan habe, habe ich nicht geträumt.

Träumen ist herrlich. Schlafen und träumen. Ich schließe die Augen und vor mir tut sich eine Welt auf, die meine Seele nächtlich herausfordert. Scheinbar auf mich selbst beschränkt, erlebe ich, wie alle Grenzen fallen, und fühle mich hineinverwoben in Gottes Unendlichkeit.

Wie alt ich wirklich bin, spielt keine Rolle mehr, denn die Lebensalter gehen ineinander über. Ich sehe mich als Vierjährigen in der Badewanne spielen und meine Lehrer mit „Heil Hitler“ grüßen, ich mache zum x-ten Mal meinen Schulabschluss, ich sehe mich als Pensionisten im Caféhaus sitzen und nehme an meinem eigenen Begräbnis teil.

Zwischen Leben und Tod besteht plötzlich keine Grenze mehr. Im Traum spreche ich mit längst Verstorbenen. Ihre Antworten sind lieb oder dumm, sie trösten und rufen. Schlafen – oder ich „sterbe“ für einige Stunden und lebe eigentlich. Und ich erlebe das Leben im kleinen Tod auf Zeit. Und erwache wieder und begreife die Geborgenheit des Schlafenden.

Träumen ist etwas Herrliches. Die Begrenztheit aller Fähigkeiten wird aufgehoben. Ich – ein chronisch unsportlicher Mensch – kann auf einmal Ski fahren und boxen, ich turne am Trapez, ja ich kann sogar fliegen. Ich bin im Himmel und spüre Gottes Licht und Wärme. Ich besuche die Hölle, erlebe grauenvolle Dinge und wache mit einem Schrei auf. Hat mich die Erde wieder?

Ich mache alles, was ich schon immer gern getan hätte. Träumen ist herrlich. Jeder Wunsch wird mir sofort erfüllt. Und es gibt kaum etwas, wovor ich zurückschrecke. Ich nehme, was mir gefällt und Gott tötet meine Feinde. Ich begreife mein „waches" Leben als die Spitze eines Eisberges und bitte Sigmund Freud, mir mich zu erklären.

Ich träume, dass ich endlich aufgewacht bin, und sehe plötzlich, wie unrealistisch die Wirklichkeit gewesen ist.

Und alle diese Bilder gehen ineinander aber und fließen wieder auseinander, verschwimmen und werden scharf. Ich rieche Farben und schmecke Töne. Ich sehe Düfte und höre Süße und Bitterkeit.

Als Josef aufgewacht ist, hat er Maria nicht verlassen.

Als Daniel aufgewacht ist, hat er seine Visionen aufgeschrieben.

Als Jesaja aufgewacht ist, hat er in Gottes Namen provoziert.

Als Maria aufgewacht ist, hat sie ein revolutionäres Lied gesungen.

Als Martin Luther King aufgewacht ist, hat er mit seinem Traum einer Welt Hoffnung gemacht.

Und ich wache auf – und stürze zurück in diesen Leib, den die Seele zum Schwitzen gebracht hat, der mich zu begrenzen und zu isolieren droht. Und darum freue ich mich schon auf den nächsten Traum. Weil ich weiß: Den Seinen gibt's der Herr im Schlaf.

Es war eine Art „religiöse Weltsensation". Zum ersten Mal in der Geschichte gibt es im Bereich des Islam ein Kabarett. Diese Nachricht hat nicht alle aufgeregt. Warum sollen die Moslems nicht ihr „Kom(m)ödchen", warum sollen die Moslem nicht ihren Helmut Qualtinger oder Werner Schneyder haben? Lachen ist schließlich etwas typisch Menschliches – und gesund soll es auch noch sein.

Nur, was da im Libanon passiert ist, kann man nicht einfach als ein Stück neues vorderorientalisches Unterhaltungsangebot abtun. Libanesisches Kabarett – hier wird erstmals mit einer uralten Tradition gebrochen. Ja, sogar eine „so genannte Frau" gehört dem Ensemble an. Und das Programm? Von den Küssen der Scheichs im offiziellen Begrüßungszeremoniell bis zu den Widrigkeiten des libanesischen Alltags wird alles analysiert und kritisiert und persifliert. Und die Leute lachen. Und sie lachen auch über sich selbst.

Und genau an dieser Stelle wird es im Grunde genommen religiös. Denn: Wer über sich selbst und seine Sünden bzw. Fehler lachen kann, ist nicht nur selbstkritisch, sondern er zeigt eine „bußfertige Gesinnung". Das Kabarett und damit auch der politische und der religiöse Witz und das Sündenbekenntnis – privat oder in einem Kultgebäude – gründen sich auf dieselbe Tatsache, nämlich auf die Differenz, die zwischen dem besteht, wie ein

Mensch wirklich ist und wie er eigentlich sein sollte. Kabarett und Sündenbekenntnis haben es beide damit zu tun, dass eben ein großer Unterschied besteht zwischen dem, was die Menschen so tun und was sie – nach ihrer eigenen religiösen Überzeugung – eigentlich tun sollten.

Wenn man bedenkt, dass im Bereich der islamischen Welt alle Leute, die sich kritisch über die Politik ihres Landes oder sogar kritisch über die religiösen Zustände ihres Landes geäußert haben, dass also diese Leute mit strengsten Strafen bedroht worden sind, ja irgendwie sogar in Lebensgefahr geraten sind, dann kann man über dieses „libanesische Kabarett" gar nicht genug staunen.

Nun macht zwar auch im Orient „eine Schwalbe keinen Sommer", aber dieses Beispiel könnte trotzdem Schule machen und damit einen neuen Weg für das „christlich-moslemische Gespräch" eröffnen. Denn Selbstkritik und Toleranz sind Geschwister und fördern das Verständnis für Religion und Glaube der anderen.

Und gerade das Alte Testament könnte Christen und Moslems auf diesem neuen Weg bestärken. Zum Beispiel die Bußpredigt, die der Prophet Ezechiel gegen den ägyptischen Pharao gehalten hat. Er kritisiert die Anmaßung des Herrschers, indem er ihm sozusagen seine Todesanzeige vorsingt und ihn als „Krokodil" verspottet. Und das ist wohl eine Art zu predigen, wie man sie heutzutage auch bei den Christen eher im Kabarett hört als in einer Kirche: „Pharao, du großes Krokodil, ich pack dich. Glaubst du wirklich, dass dir der Nil gehört?

Ich hole dich schon heraus aus deinem Nil und dann wird man schon sehen, wie stark du bist!“ Schalom und Salam!

Nur eine kleine Begebenheit am Rande

Es war nur eine kleine Begebenheit am Rande. Was da geschehen ist, war nicht nur für die Menschen rundherum nicht auffällig, wahrscheinlich haben es nicht einmal die unmittelbar Betroffenen bewusst wahrgenommen – geschweige denn einer solchen Alltäglichkeit eine besondere Bedeutung beigemessen.

Sie waren zu dritt, die Akteure dieser kleinen Begebenheit: ein Mann, eine Frau und ein Baby im Kinderwagen. Die Frau hatte etwas eingekauft und war gerade wieder aus dem Geschäft herausgekommen. Der Mann hatte inzwischen den Kinderwagen gehalten. Und als sie dabei waren weiterzugehen, da bot der Mann der Frau seinen Arm, während er den Kinderwagen schieben wollte. Das wollte sie aber nicht zulassen. Was sie ihm dazu sagte, konnte ich nicht hören, ich habe nur bemerkt, dass er offensichtlich widersprach. Aber sie ließ seinen Einwand nicht gelten, schob nun selbst den Kinderwagen und er ging eben ihr her.

Keine Aufsehen erregende Begebenheit also, und trotzdem hat sie mich aufgeregt. Denn in meiner Fantasie habe ich auf einmal gesehen, wie es weitergehen würde. Da will er das Baby wickeln, aber sie lässt ihn nicht, weil sie Angst hat, er könnte dem Kleinen in seiner Ungeschicklichkeit wehtun. Nach dem Abendessen will er das Geschirr in die Küche tragen, aber sie sagt ihm: „Lass nur, ich mache das schon!" Und wenn er ihr beim Aufräumen helfen will, dann wird sie ihn wegschicken, damit er ihr nicht im Weg steht.

Und eines Tages wird der Tag kommen, da wird er erst gar nicht mehr versuchen, ihr bei irgendetwas zu helfen. Da wird sie unglücklich sein und nicht verstehen können, wieso ein Mann, der früher so liebenswürdig war, so rücksichtslos werden konnte. Und mit ihrem Kind wird sie es genauso machen. Und eines Tages wird sie sagen: „Der Bub ist so ein Macho wie du!"

Es war nur eine ganz kleine Begebenheit am Rande.

Beichte als Unterhaltungsprogramm

Beichte, beichten – das erinnert an die Kirchen. Beichte, das erinnert an die Abgeschlossenheit eines Beichtstuhls oder eines pfarramtlichen Sprechzimmers. Beichte, das ist eine Aussage, die eigentlich nur für Gott bestimmt ist: diskret, fast geheimnisvoll.

Mit dieser frommen Geheimnistuerei ist längst Schluss. In einer Zeit, da alles mehr oder weniger heuchlerisch nach

Transparenz schreit, ist auch die Beichte ins erbarmungslos strahlende Licht einer geilen Öffentlichkeit geraten.

Auch hier kommen natürlich die „Klassenunterschiede“ zum Tragen. Die Schickimicki-Generation beichtet nicht, sie outet: sich oder, damit es noch „lustiger“ wird, andere. Eine pseudohumane Zeitgenossenschaft ist immer noch durch prominente Homos zu schockieren.

Und die Leute der Unterschicht dürfen täglich zu einer Talkshow antanzen – betreut von den Beichtmüttern und Beichtvätern der Fernsehanstalten – und ihre sexuellen, moralischen, sozialen und bildungsmäßigen Besonderheiten vor einer klatschenden oder buhenden Menge bekennen.

Und der anonyme Konsument kommt auf seine Kosten. Ihm würde etwa an einem Tag angeboten: „Ich bin nicht länger dein Lustobjekt“, „Für die Liebe bist du zu dick“, „Falscher Umgang, du rutschst ab“, „Achtung, in meinem Revier bin ich der King“, „Einen Besseren als mich bekommst du nie“, „Telefonterror, bei Anruf Angst“, „Lass dir endlich helfen, ich habe Angst um dich“, „Dein Partner ist nicht gut für dich, sieh es endlich ein“, „Beweg deinen süßen Hintern und geh arbeiten“, „Ich dreh’ durch, wenn ich dich’ nicht heute herumkriege“, „Du hältst dich wohl für sexy?“, „Horoskope, Sterne lügen nie“, „Ein bisschen bi schadet nie“. Es gibt wohl mehr Exhibitionisten als man für möglich gehalten hat. Oder wird hier die kirchliche „Lebenshilfemasche“ ad absurdum geführt?

Da lob ich mir die gute alte Beichte in den Kirchen, weil sie die persönliche Integrität des Menschen wahrt und den Hörer der Beichte zu absoluter Verschwiegenheit verpflichtet. Leider wird diese Verschwiegenheit unserer Gesellschaft hauptsächlich nur von Pfarrern und Pfarrerinnen erwartet. Aber vielleicht wird auch die outing-freudige Generation eines Tages begreifen, dass es Sachen gibt, die man nur Gott sagen sollte.

Sterntaler

Es war einmal ein kleines Mädchen, dem waren Vater und Mutter gestorben. Das Mädchen war so arm, dass es kein Zimmer hatte, um darin zu wohnen, ja nicht einmal ein Bett, wo es hätte schlafen können. Das Einzige, was das kleine Mädchen besaß, waren die Kleider, die es anhatte, und ein Stückchen Brot, das ihm ein mitleidiger Mensch geschenkt hatte. Das kleine Mädchen war also sehr arm, aber es war gut und fromm. Und weil das Mädchen so von aller Welt verlassen war, ging es im Vertrauen auf den lieben Gott hinaus aufs Feld.

Da kam ihm ein armer Mann entgegen und sagte: „Ach, gib mir doch etwas zu essen, ich bin so hungrig." Da gab ihm das Mädchen sein ganzes Brot und sagte: „Gott segne dir's" und ging weiter. Da kam ihm ein Kind entgegen und jammerte: „Mir ist so kalt am Kopf, hast du nichts, womit ich ihn bedecken kann?“ Da nahm das Mädchen seine Haube ab und schenkte sie dem Kind. Und dann kam noch ein Kind vorbei und fror auch. Dem gab das kleine Mädchen sein Leibchen. Und als dann noch ein Kind sein Röckchen haben wollte, da gab es auch das noch her.

Inzwischen war es dunkel geworden und das kleine Mädchen war in einen Wald gekommen. Da kam noch ein Kind daher und bat das kleine Mädchen um sein letztes Kleidungsstück, ein Unterhemdchen. Und das fromme Mädchen dachte sich: „Es ist ja ohnehin schon finster“ und gab auch das noch her.

Und wie das kleine Mädchen nun so dastand und gar nichts mehr hatte, da fielen auf einmal die Sterne vom Himmel – und es waren lauter goldene Taler. Und obwohl es sein letztes Hemd hergeschenkt hatte, hatte es jetzt ein neues von allerfeinstem Stoff an. In dieses feine Hemd sammelte es die kostbaren Taler ein und war reich sein Leben lang.

Ja – zugegeben – das ist nur ein schönes Märchen. Nur erinnert es nicht irgendwie frappant an die Bergpredigt? Und die kommt ja bis heute vielen Christen eher etwas märchenhaft vor. Aber, wer weiß, es könnte ja sein, dass eines Tages wirklich die Sterne wie die Golddukaten vom Himmel fallen werden, wenn Menschen alles hergeschenkt haben – aus lauter Liebe.

Die Bremer Stadtmusikanten

Das könnte manchen Leuten so passen, wenn die „Bremer Stadtmusikanten" nur ein Märchen wären. So eine leicht fantastische Geschichte, wie sie vor allem Kindern gefällt. Ein Märchen, das mit „Es war einmal" beginnt und erwartungsgemäß mit „Und wenn sie nicht gestorben sind, dann leben sie noch heute" endet.

Das könnte manchen Leuten so passen, wenn das nur im Märchen möglich wäre, dass ein alter Esel, ein alter Hund, eine alte Katze und ein alter Hahn noch Aussicht auf ein paar glückliche Lebensjahre haben. Während natürlich in Wirklichkeit ein alter Esel geschlachtet wird und ein alter Hund erschlagen und eine alte Katze ersäuft wird und ein alter Hahn im Suppentopf endet.

Das könnte manchen Leuten so passen, wenn das nur im Märchen möglich wäre, dass vier in Ehren ergraute Haustiere rechtzeitig merken, was für böse Pläne man mit ihnen hat. Während in Wirklichkeit natürlich die Senioren ahnungslos sind: weil sie es nicht wahrhaben wollen, dass man ihnen etwas Böses antun könnte.

Das könnte manchen Leuten so passen, wenn das nur im Märchen möglich wäre, dass ein alter Esel, ein alter Hund, eine alte Katze und ein alter Hahn eine ganze Räuberbande in die Flucht schlagen. Während natürlich in Wirklichkeit alte Menschen allen möglichen Räubern hilflos ausgeliefert sind.

Das könnte manchen Leuten so passen, wenn das nur im Märchen möglich wäre, dass sich alte Menschen zusammentun und gemeinsam ein neues, sinnvolles Leben aufbauen. Während sich alte Menschen natürlich in Wirklichkeit von allen möglichen Menschen dreinreden lassen müssen, ob es ihnen nun gefällt oder nicht.

Das könnte manchen Leuten so passen, wenn das nur im Märchen möglich wäre, dass alte Menschen Respekt und Ehrfurcht einflößen.

Schade, dass die "Bremer Stadtmusikanten“ nicht in der Bibel stehen. Jesus könnte diese Geschichte den Alten erzählt haben, um ihnen neuen Lebensmut zu geben.

Hans im Glück

Das Märchen vom „Hans im Glück“ kennt bis heute fast jedes Kind. Arglose Eltern haben mit diesem Märchen bereits die ersten Zweifel an den spätkapitalistischen Glücksvorstellungen in die kindliche Seele „hineingeheimnist“.

Eigentlich ist es ja verwunderlich, dass das Märchen „Hans im Glück“ heißt – müsste es nicht eher „Hans im Unglück“ heißen? Am Anfang der Geschichte besitzt Hans einen Goldklumpen und am Ende hat er einen billigen Schleifstein. Und der fällt ihm noch in den Brunnen. Und dann hat er gar nichts mehr. Aber dieser Hans ist darüber nicht unglücklich und verzweifelt wie normale Menschen. Wenn man dem Märchen glauben darf, dann war er sogar sehr glücklich, ein verrückter Kerl, der Hans!

Na ja, es ist ja schließlich nur ein Märchen. Oder sollte sich vielleicht wieder einmal der „liebe Gott“ hinter diesem Märchen versteckt haben? Damit unsereins ihm nicht gleich auf seine heiligen und menschenfreundlichen Schliche kommt? „Das ist ja nur ein Märchen!“ sagen die Leute. Und der „liebe Gott“ schmunzelt über die Naivität seiner Kinder.

Der Märchen-Hans hat viele Jahre fleißig als eine Art Fremdarbeiter im Ausland gearbeitet. Aber als sein Heimweh ganz groß geworden ist, lässt er sich auszahlen. Sein Lohn ist ein Klumpen Gold. Und wie er sich dann in der Sonne mit dem Goldklumpen abschwitzt, kommt ihm ein Reiter entgegen. „So ein Pferd, das wäre was für mich“, denkt sich der Hans. Und er tauscht den Goldklumpen gegen das Pferd ein. Der Reiter hat natürlich zu dem blendenden Geschäft Ja gesagt.

Aber Hansens Zufriedenheit ist nur von kurzer Dauer. Alles verliert für ihn allein schon dadurch seinen Wert, dass er es besitzt. Kaum hat er etwas, schon sieht er etwas, das ihm begehrenswerter vorkommt. Und so tauscht er das Pferd gegen eine Kuh und die Kuh gegen ein Schwein und das Schwein gegen eine fette, weiße Gans und die Gans schließlich gegen einen Schleifstein.

Was immer er auch eingetauscht hat, er ist nicht glücklich. Ihn reizt nur das, was er nicht hat. Also ein recht moderner Mensch, dieser Märchenhans. Aber als ihm dann der Schleifstein in den Brunnen fällt – und er gar nichts mehr hat – da ist er das erste Mal in seinem Leben so richtig glücklich: Los und ledig aller Sorgen und Lasten, preist er sich als den glücklichsten Menschen der Welt und kommt froher Laune bei seiner Mutter an, als „Hans im Glück", kommentieren die Herren Grimm.

Also, wenn man nicht wüsste, dass das ein Märchen ist, dann könnte man ja glauben, dass dieser Hans direkt aus dem Matthäusevangelium herausspaziert ist. Denn er ist schon ein recht biblischer Herr, dieser „Hans im Glück".

Ist Schneewittchen ein Beruf?

Schneewittchen – das ist auch kein Beruf. Wer weiß schon, ob rechtzeitig ein Prinz vorbeikommt, um einen zu retten, wenn man durch den Neid der anderen vergiftet worden ist. Das alte Märchen von der stolzen und übermütigen Königin ist bekannt. Sie hatte einen wunderbaren Spiegel, den sie täglich befragte: „Spieglein, Spieglein an der Wand, wer ist die Schönste im ganzen Land?" Da antwortete ihr der Spiegel: „Frau Königin, Ihr seid die Schönste im ganzen Land." Das stimmte sie zufrieden, denn sie war überzeugt: Der Spiegel sagt die Wahrheit. Als er ihr aber eines Tages erwiderte: „Frau Königin, Ihr seid die Schönste hier, aber Schneewittchen ist 1000-mal schöner als Ihr!", erschrak die Königin zutiefst. Mit dieser Wahrheit wollte die stolze Dame nicht leben und sie sann auf Rache.

Heute gibt es kaum noch Königinnen, aber der Platz vor dem Zauberspiegel ist deshalb nicht unbesetzt: „Spieglein, Spieglein an der Wand, wer ist der Populärste im ganzen Land? Wer ist der Liberalste, der Progressivste im ganzen Land? Der Frömmste?"

Auch da wird der Fragesteller entzückt sein, wenn ihm das Spieglein bestätigt: „Du!" Aber wehe, es folgt ein „Aber"! Setzt das Spieglein gar noch hinzu: ... über den Bergen ... bei den 7 Zwergen ... und 1000-mal populärer, 1000-mal liberaler, 1000-mal progressiver, dann ist es nicht mehr zum Aushalten. Wahrheit, die nicht bestätigt, ist – scheint's –schwer zu ertragen. Sie zerstört die Illusion, die Nummer 1 zu sein, im Märchen wie im Leben. Dass es auch anders geht, hat Schneewittchen bewiesen. Sie, die angeblich Allerschönste, hat ihre Schönheit als ein Geschenk betrachtet und deshalb hat sie den sieben gar nicht schönen, kleinen alten Herren freiwillig den Haushalt geführt. Die Besten können dienen oder – Schneewittchen ist doch ein Beruf!

„Wer zur Sünde verführen will, muss schön sein“, sagt Luther in seinen Tischreden. Und er beweist diesen Satz auch gleich mit der Bibel: „Was meint ihr zu der Schlange, die als das schönste Geschöpf mit Eva gescherzt hat? Sie ist ihr ganz freundlich auf dem Schoß gesessen, denn die Schrift sagt, dass die Schlange listiger gewesen ist als alle Tiere auf Erden. Darum war sie freundlicher und holdseliger als alle anderen Tiere, wie noch heutzutage ihr Krönlein und ihr dreischneidiges Zünglein verrät.“

Wer zur Sünde verführen will, muss schön sein. Luther war also überzeugt, dass die Schlange im Paradies sehr schön war. Sonst hätte sie den Adam gar nicht verführen können. „Für den lieben Adam war die Schlange schöner als alle anderen Tiere. Durch sie hat der Teufel seine Kunst gezeigt, wie er sich denn immer gern schmückt: denn wer zur Sünde reizen will, muss schön sein.“

Da atmen jetzt die „Hässlichen“ erleichtert auf. Denn nach Luther können sie gar nicht zur Sünde verführen, weil sie eben hässlich sind. Nur freuen sich jetzt die eher hässlichen Leute wirklich darüber, dass sie der Teufel nicht für seine Verführungskunststücke gebrauchen kann? Könnten sie jetzt beten: „Danke, lieber Gott, dass du mich nicht so schön geschaffen hast. Dadurch ist mir viel erspart geblieben. Mit meinem Gesicht werde ich niemanden verführen.“

Wollte Gott, sie wären wirklich dankbar dafür, „dass ein einfältiger Bauer, ein ungelehrter Mann oder eine hässliche Magd, ein unflätiger Sack niemand zu Ketzerei, Geiz, Hurerei, Menschenverachtung oder Stolz reizen wird". Nur leiden sie ja eher darunter, diese Madensäcke und -säckinnen, denn sie wären ja gerne auch so erfolgreich wie die Schlange im Paradies.

Aber wehe euch, ihr lieblichen Mädchen und Fräulein, ihr feschen Bübchen und sportlichen Boys. Wehe euch, ihr eleganten Damen in Schmuck und Seide, ihr Manager im kostbaren Outfit. Wehe euch, ihr bodybewussten Greise und Greisinnen mit dem ewig sonnengebräunten Antlitz. Wehe euch, ihr schönen Teufelsbraten. Wehe euch, ihr schönen Damen und Herren in aller Öffentlichkeit, ihr werdet eure Schönheit noch verwünschen. Denn ohne euch kann der Teufel nichts tun.

Jetzt könnt ihr natürlich böse und beleidigt sein und eure Schönheit verstecken oder gar leugnen. Da sagt doch lieber dem Teufel ein kräftiges Lebewohl und „Apage Satanas". Ja, furzt dem Teufel ins höllische Gesicht, wie es der Dr. Luther getan hat. Denn so seid ihr die lieben Kinder eures Vaters im Himmel.

Christen und verrückte Geschichten gehören zusammen

Menschen am Beginn zum 3. Jahrtausend tun sich schwer mit verrückten Geschichten. Oder sollte man hier auf den Zaubersatz zurückgreifen: „Bei Gott ist alles möglich"? Ja, dann werden auch Zwetschgen zu Gold und das Wasser fließt vom Meer in die Flüsse zurück. Aber dass ein 100-jähriger Mann mit einer 90-jährigen Frau ein Kind bekommt, war auch seinerzeit eine eher fantastische Sache. Und Abraham und Sara waren höchst skeptisch und haben über die Geburtsankündigung des Engels herzlich gelacht.

Und darum die opportunistische Lösung: Abwarten, ob etwas daraus wird, sich also probeweise auf diese verrückte Geschichte einzulassen. Und bei dieser Gelegenheit zu merken, dass eigentlich die meisten biblischen Geschichten irgendwie verrückt sind:

Da macht Gott das Weltall in sechs Tagen. Wegen eines blöden „Apfels" verlieren die ersten Menschen das Paradies. Ein Herr Noah bringt sämtliche Tiere in einem Schiff unter. Ein riesiger Turm bleibt eine Baustelle und seit dieser Zeit sprechen die Menschen verschiedene Sprachen. Ein Wüstenscheich soll sein Kind opfern und muss sich entscheiden, ob Gott wirklich so eine Gräueltat von ihm verlangt.

Da fressen zwei Bären 42 Buben auf, weil sie einen Propheten verspottet haben. Da schluckt ein großer

Fisch einen Propheten und bringt ihn zu seiner Predigtstelle zurück. Da geht ein Prophet nackt durch Jerusalem, und ein anderer predigt im Tempel gegen den Tempel und wird beinahe von den Gottesdienstbesuchern erschlagen. Und ein Prophet wäre fast verhungert, wenn ihm nicht Raben etwas zu essen gebracht hätten. Der Heilige Geist kommt als „Vogel geflogen" und trotzdem hält die eigene Familie den Gottessohn für verrückt. Der Teufel stellt Jesus aufs Tempeldach und sagt: „Wenn du wirklich Gottes Sohn bist, dann spring hinunter." Und Jesus stellt eigentlich ununterbrochen etwas an. Er macht aus Wasser Wein, einmal geht er übers Wasser, dann wieder durch verschlossene Türen. Er treibt Dämonen aus und die Dämonen fahren in eine Schweineherde. Und die Schweine stürzen sich in einen Fluss und ersaufen. Und mindestens drei Tote hat er wieder lebendig gemacht. „Liebet eure Feinde!", predigt er und: „Wenn dich dein rechtes Auge ärgert, dann reiß es aus!"

Christen und verrückte Geschichten gehören also gerne zusammen. Das ist natürlich nicht die Freude einer glücklichen Psychiatrie-Belegschaft, sondern die Überzeugung, dass die Menschheit ohne solche verrückte Geschichten nicht leben kann. Denn gerade verrückte Geschichten provozieren sie, etwas Vernünftiges, etwas Menschliches zu tun.

Was längst selbstverständlich geworden ist, waren einmal verrückte Ideen und Geschichten einiger Propheten: die Toleranz, die Gleichberechtigung der Frauen, die

Krankenkasse, Urlaub und Pension. Das 18. Jahrhundert hat noch von der Abschaffung der Sklaverei und Leibeigenschaft geträumt – und 100 Jahre später ist es dann passiert.

Aber noch längst ist nicht alles getan. Und darum müssen wir eben weiter in Gottes Namen verrückte Geschichten erzählen: zum Beispiel von der Abschaltung aller Atomkraftwerke und die Geschichte vom Aussterben der Rechtsradikalen und von einer Demokratie ohne Korruption. Mag sein, dass es uns so geht wie dem alten Abraham und seiner Frau Sara, dass wir über unsere verrückten Geschichten lachen. Aber vielleicht wird auch die „Speisung der 6 Milliarden Weltbevölkerung", und die „Heilung aller Kranken" und die „Vertreibung aller Dämonen" und die „Auferweckung aller Menschen zu einem sinnvollen Leben" eines Tages keine verrückte Geschichte mehr sein!

Euro-Religion

Alle alten Gebilde und Träume haben einen religiösen beziehungsweise mythologischen Ursprung. Das ist auch bei „Europa" nicht anders. Nur so lässt sich überhaupt die augenfällig verdächtige Inbrunst erklären, mit der derzeit für oder gegen den „Anschluss" an die „EU – mit dem frommen Sternenkranz" geredet wird. Wenn etwa ein Wochenmagazin den Außenminister als „Missionar“ auf die Titelseite bringt, so weiß es hoffentlich, aus welcher Quelle es schöpft. Auch die Kommentatoren pflegen sich in Hinblick auf Europa – unter Hintanstellung des gewohnten Sportjargons – auffällig religiös auszudrücken.

Nach der antiken Mythologie beginnt die Geschichte Europas, nämlich der Königstochter Europa, mit einer Vergewaltigung. Arglos sitzt das naive und jungfräuliche Mädchen inmitten seiner Freundinnen und flicht Kränze aus den herrlichen Blumen seiner Heimat. In diese Idylle bricht der Göttervater Zeus in Gestalt eines Stieres ein.

Zeus weiß, dass er Europa nicht einmal mit einem göttlichen „Schmäh“ für sich gewinnen kann, und sieht daher nur eine Chance für sich, wenn er Europa verführt. Und Europa ist erwartungsgemäß fasziniert von diesem sanften, sensiblen und liebevollen Stier. Dann legt sich dieses sanfte Monstrum auch noch ihr zu Füßen und lädt sie ein, auf seinem Rücken zu reiten. Soll sie es wirklich wagen, überlegt Europa bang. Die Freundinnen ermuntern sie: Nur wenn du auf dem Stier sitzt, hast du eine Chance mitzubestimmen, wohin er traben wird. Aber kaum sitzt sie oben, da raubt sie der Stiergott und tut ihr Gewalt an.

Die christliche Geschichte Europas beginnt mit der zweiten Missionsreise des Paulus. Ein heiliger Traum lockte ihn nach Mazedonien, wo eine Aufgabe auf ihn wartet. Die Konkretion kommt auch überfallsartig. Paulus heilt eine verrückte Sklavin und zieht sich den

Hass ihrer Herren zu. Denn mit den Wahrsagekünsten der Sklavin hatten die Eigentümer gut verdient. Aber jetzt ist die Frau geheilt und mit der Geschäftemacherei ist es aus. Am Anfang des „christlichen“ Europa steht also eine Befreiungsgeschichte mit allem was dazugehört: Freude der Befreiten und Aggression der Ausbeuter. Und nicht zufälligerweise ist damit das „kollektive Unterbewusste“ angezeigt, das die derzeitigen Europaverhandlungen mitbestimmt: Das Spannungsfeld zwischen Vergewaltigung und Befreiung.

Gott mag keine Helden

Gott mag keine Helden, auch keine Glaubenshelden. Das ist wohl auch der Grund, warum die Bibel justament die „Antihelden“ siegen lässt, um die Militärs zu verhöhnen. Musterbeispiel für eine solche geistliche „antimilitaristische Satire“ ist die Gideongeschichte.

Ausgerechnet den Bauernburschen Gideon macht Gott zum General, um Israel aus der Hand der Feinde zu erretten – Gideon, der nicht nur vom Kriegshandwerk keine Ahnung hat, sondern mit dessen Glauben es auch nicht gerade weit her ist. Aber immerhin, er bringt ein Heer von 30.000 Mann zusammen.

Doch mitten im Aufmarsch sagt der Herr seinem Oberkommandierenden: Deine Armee ist zu groß. So kann ich dich nicht über die Midianiter siegen lassen. Sonst glaubt ihr noch, ihr hättet euch selber gerettet. Und darum sage deinen Soldaten: „Wer sich fürchtet und Angst hat, der soll nach Hause gehen!"

Wie viele Soldaten haben schon von so einem biblischen Befehl geträumt? Stell dir vor, es ist Krieg, und du gehst rechtzeitig nach Hause. Und der Erfolg? Von den 30.000 bleiben 10.000 über. Da meldet sich schon wieder die göttliche Stimme: „Dein Heer ist noch immer zu groß!" Also, gesucht ein gläubiger General für ein Himmelfahrtskommando. Wer an Gott glaubt, dessen Armee kann gar nicht klein genug sein.

Und schon weiß des Generals Gott, wie man das macht. Nein, nicht „Freiwillige vor" oder die Aussortierung der Stärksten, Mutigsten, Kriegserfahrensten, sondern: „Lass sie alle aus dem Fluss trinken. Die aus der hohlen Hand trinken, die schick nach Hause; und die, die beim Trinken lecken wie die Hunde, die behalte bei dir!"

Noch ärger kann man die Militärs gar nicht verhöhnen. Jetzt bleiben von den 10.000 nur mehr 300 über. General Gideon hat nun endgültig alle militärischen Illusionen verloren. Er versucht zu begreifen: Jetzt ist er schwach genug, um siegen zu können.

Und Gideon gewinnt tatsächlich diesen Krieg. Nachdem Gott ihm die depressiven Träume seiner Gegner verraten hat und ihm für seine Soldaten eine eher außergewöhnliche Ausrüstung empfohlen hat. Sie sollen nämlich mit Posaunen, Krügen und Fackeln angreifen. Soldaten

Gottes sind absurd bewaffnet oder wie der „Antiheld“ Jesus gesagt hat: „Wer sein Leben gewinnen will, der wird's verlieren.“

Einzigartiges Israel: Zu einer Zeit, da „anständige“ Völker ihre Heldensagen gelebt und geschrieben haben, ist ein General Israels Hauptakteur in einer antimilitaristischen Satire gewesen. Fragt sich nur, wo heutzutage der General ist, der zum gläubigen Spott über eine waffenstarrende Welt fähig ist.

Medienrauschgifthändler

„Kirche für das wirkliche Leben“ – das klingt zuerst einmal sehr banal. Das sollte doch eigentlich eine Selbstverständlichkeit sein. Aber im 19. Jahrhundert war genau das der Vorwurf an die Kirchen. Sie wollen sich der sozialen Wirklichkeit nicht stellen. Sie wollen nicht für die Verbesserung der sozialen Verhältnisse, vor allem der Arbeiterschaft, kämpfen, sie vertrösten die Leute auf ein besseres Jenseits. Kirchenkritiker haben diesen Kirchen wohl mit Recht vorgehalten: Wir wollen nicht wissen, ob es ein Leben nach dem Tod gibt; wir wollen dafür kämpfen, dass es ein Leben vor dem Tod gibt.

Seit der Mitte des 20. Jahrhunderts ist die Situation fast umgekehrt. Kirchen kämpfen fast verzweifelt dafür, den Zeitgenossen die fürchterliche Wirklichkeit unserer Welt vor Augen zu halten und zu Aktionen zu mobilisieren. Aber jetzt hat die Wirklichkeit im Moloch der Medienwirtschaft und der Mediengiganten einen übermächtigen Feind bekommen. Wirklichkeit ist nicht mehr gefragt. Die Illusion und die „phantasyworld" frisst die Realität auf.

Die Liste der Belege ist endlos. Mitten in der Realität sind Leute, vor allem viele junge, ganz woanders. Sie sind zwar unterwegs, aber angeschlossen an die Walkman-Music hören sie nicht mehr die Geräusche ihrer Umwelt, was die Menschen neben ihnen reden. In Kürze werden sie sich auch eine Art „Video-Walkman" am Schädel montieren, dann brauchen sie auch die Menschen ihrer Umgebung nicht mehr anzuschauen; „Phantasyworld" ambulant.

Und eine vertrottelte Medienwirtschaft schwärmt davon, dass Europäer, Amerikaner und Japaner bald nicht mehr ihre Wohnung verlassen müssen, weil sie einfach alles über elektronische Geräte erledigen können. Was für ein Menschenideal: der völlig isolierte Idiot in der elektronischen Luxushöhle. Und jeder weitere Schritt dazu wird von modernen schwachsinnigen Zeitgenossen gefeiert. Wenn ich einem Taxifahrer sage, er soll das Radio abdrehen, dann versteht er die Welt nicht mehr und hält mich für einen „alien".

Und darum werden wohl in Zukunft die Kirchen für die Wahrnehmung der Wirklichkeit und gegen die Drogen der „Medienrauschgifthändler" kämpfen müssen.

„Wetten, dass …“

Peter Weck scheint ein Mann von wahrhaft biblischer Größe zu sein. Anlass für solch religiös-patriotische Gefühle war eine populäre Fernsehsendung, „Wetten, dass …“.

Hier saß Weck mitten unter der wettenden Prominenz. Wer kann da schon voraussehen, ob die Wettanbieter so schwierige Aufgaben wie „Alle italienischen Regierungschefs nach 1945 in richtiger Reihenfolge zu nennen“ oder „Mit einer Hacke ein Haar zu spalten“ lösen können. Und darum muss jeder Wettgast, für den Fall, dass er seine Wette verlieren sollte, sagen, was er dann tun würde.

Als nun Peter Weck gefragt wurde „Was werden Sie tun, wenn Sie verlieren?“, antwortete er: „Nichts Karitatives, denn man kann Gutes auch im Verborgenen tun!“

Bei Fernsehshows pflegt nämlich ein seltsamer Edelmut auszubrechen. Schöne, erfolgreiche und populäre Menschen überbieten einander geradezu in Nächstenliebe. Es grenzt fast an Zauberei: Kaum sind sie auf Sendung, so haben millionenschwere Stars nur mehr Altersheime und Krankenhäuser im Kopf. Es braucht einem – scheint's – nur jemand zuzuschauen, und schon verwandelt man sich in einen wirklich guten Menschen.

Nächstenliebe kann also nicht nur unter seltsamen Umständen entstehen, sie ist eben auch äußerst showwirksam. „Herr X.“ fragt der schlicht gekleidete Moderator der Sendung, „was werden Sie tun, wenn Sie diese

Wette verlieren?" Und der erfahrene Fernseher denkt sich: Wetten, dass jetzt gleich etwas Karitatives kommt!

Und Herr X.: „Ich werde einen Tag lang an einem bestimmten Ort kochen und den Erlös für ‚Brot für die Welt' geben." Und dann – topp, die Wette gilt. Der um nichts weniger edelmütige Zuschauer hofft natürlich jetzt, dass der Star, Herr X., die Wette verlieren wird. Denn sonst kann er ja seinen wunderschönen Vorsatz gar nicht ausführen.

Eigentlich eine makabre Show: Wer verliert, ist bereit, etwas Gutes zu tun. Der Sieger kann sich die Nächstenliebe ersparen.

Da lob ich mir den Peter Weck. Er hat das ganze Fernsehtheater mit der Nächstenliebe durchschaut. Mit ihm hat ein Hauch von Bergpredigt die Showbühne betreten. Wie hat doch der „Bergprediger" so schön gesagt? „Wenn du nun Almosen gibst, so lass nicht vor dir herposaunen, wie es die Heuchler in den Hallen und auf den Gassen tun, damit ihnen die Leute applaudieren."

Religion auf dem Klo

Wer denkt schon an Religion, wenn er einen „stillen" Ort aufsucht? Ich natürlich auch nicht. Nur ist es mir dann doch nicht erspart geblieben, denn ich wurde sozusagen mit der Nase draufgestoßen. Da stand nämlich eine

Spraydose auf dem Wasserbehälter, die die schöne Aufschrift trug: DEM NÄCHSTEN ZULIEBE. Dem Nächsten zuliebe? War das jetzt eine nur für theologisch gebildete Leute verständliche Anspielung oder würde das wahrscheinlich jeder normale Mensch genauso empfinden? Nämlich, dass er hier – zugegeben eher unerwartet – in einer sehr speziellen Art und Weise mit der Nächstenliebe konfrontiert werden würde. Der „stille" Ort war für mich auf einmal wirklich zum Besinnungsort geworden! Und schuld daran war diese Spraydose mit der fromm-zweideutigen Aufschrift. So einfach kann Nächstenliebe sein. Dafür zu sorgen, dass es gut riecht, wenn der Nächste diesen Ort heimsucht. Aber das scheint gar nicht so selbstverständlich zu sein, sonst würde es ja nicht auf dieser Dose da stehen.

Ist es wirklich so schwer, jemand etwas zuliebe zu tun, und sei es nur eine Kleinigkeit? Denn gerade an diesen vielen Kleinigkeiten hängt ja oft mehr, als man glaubt: dass Menschen friedlich miteinander leben oder arbeiten können, gemeinsam öffentliche Einrichtungen benutzen – von der U-Bahn übers Caféhaus bis zum Krankenhaus. In einer Zeit, da die Nächstenliebe fortschrittlicherweise sehr stark mit gesellschaftlichen und internationalen Problemen ausgelastet ist und sich vorzugsweise auf der ethischen Höhe der Bergpredigt zu Hause fühlt, tut es vielleicht ganz gut, wieder an die vielen Kleinigkeiten zu denken, die man dem Nächsten zuliebe tun kann.

Ich will mir eine Aufzählung ersparen und es nur umgekehrt formulieren: Es geht darum, vielleicht einmal all das zu unterlassen, was Menschen dem Nächsten „zufleiß" tun. Und dieses Wort ist recht verräterisch, denn es entlarvt die vielen kleinen Alltagsbosheiten und -unaufmerksamkeiten als eine unnötige Fleißaufgabe. Und da sich ja alles einüben lässt, warum nicht guter Duft dem Nächsten zuliebe? Denn Höllengestank zu hinterlassen, gehört bekanntlich zu den Wesensmerkmalen des Teufels.

Der Luftballon – ein christliches Symbol

In der Faszination des Luftballons ist etwas Biblisches. Die tiefsten menschlichen Erlebnisse haben etwas mit dem Fliegen und Schweben zu tun. Wer je geglaubt, geliebt, gehofft hat, der kennt das: Auf einmal wird alles ganz leicht, alles wird möglich. Die Seele hebt vom Boden ab, denn sie hat fliegen gelernt. Lieben heißt, den Luftballon in sich zu entdecken, wie auf Wolken zu schweben, mit verklärtem Blick, voller Zärtlichkeit. Die Liebe ist oft etwas Zartes, Zerbrechliches, aber wer liebt, ist stark. Keine Mauer ist zu hoch, kein Hindernis zu groß, keine Bosheit, keine Feinde haben eine Chance. Denn: Man kann endlich fliegen. Alles Einengende, Bedrückende, Einsperrende, Beängstigende, alle Komplexe, alle Zweifel an sich werden überwunden. Wer fliegen kann, ist stark.

Glauben heißt, Gott entgegenzufliegen. Wer glaubt, kann fliegen. Das selige Gefühl des Glaubens lässt alle Erdenschwere überwinden. Und darum ist der Luftballon ein überzeugendes Symbol für den Glauben: ein Zeichen des Friedens, der Freude, der Ökumene. Obwohl er dünn, leicht, heikel zum Anfassen ist, signalisiert er, dass das Böse überwindbar ist.

Hoffen heißt, über Himmel und Erde zu fliegen, durch Zeit und Raum. Die ganze Welt zu brauchen und ständig zu erleben, wie die Gegenwart zu klein wird und darum einem Traum, einem Plan, einem neuen Ziel, einer Überraschung entgegenzufliegen.

Die Bibel vergleicht Gott mit einer Adlermutter, die ihren Jungen das Fliegen beibringt. Der Gott, an den die Christen glauben, ist ein Fluglehrer. Ein Trainer, der die wunderbarste Fähigkeit lehrt, die es gibt: fliegen, schweben, dahingleiten …

Und darum warte ich auf Menschen, die mir einen Luftballon schenken. Denn sie werden mir das Fliegen beibringen. Neben ihnen werde ich glauben, hoffen, lieben. Und darum machen mich Menschen traurig, die mir das Fliegen abgewöhnen wollen. Die nicht ruhen wollen, bis ich das Fliegen verlernt habe, oder es als Jugendtorheit hinstellen. Ist es ein Zufall, dass man nur Kindern einen Luftballon schenkt? Wann werde ich endlich wieder einmal einen Luftballon bekommen?

Prost, salute, na sdrowje

Längst hat sie begonnen und steuert jetzt bald ihrem Höhepunkt zu: die friedliche Sommervölkerwanderung. Speziell in den europäischen Ländern entsteht so für kurze Zeit ein geradezu unglaubliches Völkergemisch. Man unterschätze nicht, in welch hohem Ausmaß der internationale Tourismus zum friedlichen Zusammenleben der Europäer beiträgt. Ja, und dann sitzt man irgendwo auf einem Campingplatz oder in einem Lokal in fröhlicher Runde beisammen und trinkt einander zu. Auch hier ein internationales Stimmengewirr: Prost, Salute, Sehr zum Wohl, Gesundheit, a votre santé – und einer bringt dem anderen bei, wie „Prost" in seiner Sprache heißt – egész ségedre, na sdrowje, cheers.

So selbstverständlich das alles ist, es ist doch immerhin eine bemerkenswerte Tatsache, dass man – etwas überspitzt gesagt – nicht miteinander trinken kann, ja will, ohne dass einer dem anderen etwas Gutes wünscht: Heil, Gesundheit, gute Laune, gutes Gelingen seiner Pläne, neuen Mut. Und die Leute, die sich schon sehr gut angefreundet haben, lassen dann – vielleicht am Feuer – eine Flasche im Kreis herumgehen und jeder trinkt einen Schluck daraus. Und ganz leise erinnert das Ganze an das Abendmahl: Ja, es geht recht „weltlich" und laut zu, aber es ist doch eine Art tiefer gehende Kommunikation – ich wage ruhig auch „Kommunion" dazu zu sagen: Hier sind ja über viele Grenzen und Unterschiede hinweg Freundschaften entstanden und sie halten manchmal über viele Jahre hinweg.

Nur einmal hat meine heile Welt des Zuprostens beinahe einen Knacks bekommen: als ich nämlich gelesen habe, mit welchen Worten noch bis vor einigen Jahren die Männer in den Gebirgstälern Kretas miteinander angestoßen haben. Übersetzt heißt das „unbeleidigt sterben". Da ist die Blutrache sozusagen bis in die Trinksitten vorgestoßen. Grausiger Umtrunk von Verschwörern, die nicht gezögert haben, ihrer Ehre Menschenopfer zu bringen. Doch auch diese brutale Trinksitte erinnert wieder leise an die Kommunion – ist nicht oft genug – von Christus bis heute – menschliche Gemeinschaft um das Blut unschuldiger Menschen erkauft worden? Christus hat aber seinen Jüngern auch versprochen, dass er einmal im Himmelreich wieder mit ihnen den Wein der Kommunion trinken wird. Und so haben Menschen überall dort, wo sie in Freundschaft miteinander ein Glas Wein trinken, einen kleinen Vorgeschmack auf die himmlische Herrlichkeit. Prost.

Heldenlieder

Heldenlieder sind immer noch „in". Sie sind nicht aus der Mode gekommen. So paradox es auch klingen mag: Es hat noch nie so viele Heldenlieder gegeben wie heute.

Täglich ab 17 Uhr, da werden sie aufgeführt, wenn die modernen Helden nach Hause kommen. Und alle sind sie große, starke, herrliche, erfolgreiche, siegreiche und strahlende Helden. Es gibt kaum eine Frau, die nicht so einen Helden zu Hause hat. Und sie haben sich nichts gefallen lassen den ganzen Tag, die Helden. Auf alles haben sie eine Antwort gewusst, natürlich eine bessere. Sie haben den Gegner entlarvt.

Wer kommt schon nach Hause und sagt: „Ich hab' verloren!“ Man sagt höchstens: „Ich hab' zwar verloren, aber es war ein Pyrrhus-Sieg für den anderen, er ist dessen nicht froh geworden.“

Nichts davon! Man hat sich durchgesetzt beim Chef, man hat sich durchgesetzt bei den Mitarbeitern. Denn was man angeordnet hat, war in sich so vernünftig, so überwältigend klar, dass die anderen gar nicht anders konnten, als einem voll Begeisterung zu folgen. Man hat einen Unterausschuss ertrotzt. Man hat einen Nebensatz in einer Resolution erzwungen. Man hat es denen wieder einmal so richtig gesagt, es ihnen gezeigt. Und wie man gezeigt hat. Wild entschlossen hat man geblickt – probeweise, wenn sich der andere umgedreht hat. Blutrünstiges hat man gedacht und nur aus Nächstenliebe geschwiegen. Und die Frau des Helden, die Heldenfrau, hört zu. Je nach Lebensalter und Erziehung ist sie überzeugt und begeistert oder belustigt oder gelangweilt. Sie weiß: Jetzt singt er halt wieder sein Lied, ihr Held. Und sie sagt ihm, dass er wunderbar ist. Und er ist sich nicht ganz sicher, ob sie es ernst gemeint hat. Irgendwie eine tragischkomische Szene: Der Held oft genug nur ein furchterregendes Rumpelstilzchen, das Auditorium eine Frau, die pflichtschuldig ein wenig begeistert die Augen verdreht: aus Angst oder Rührung oder nur, um das Lachen zu verbeißen. Der Ehemann als Held – „Urmacho“ konkret.

Bleibt nur noch zu fragen, ob es nicht vielleicht viel heldenhafter wäre, seine Niederlagen und Misserfolge ehrlich einzugestehen, wenn man heimgekommen ist. Denn wer seine Schwächen zugibt, wird – und das ist eigentlich wunderbar, mehr geliebt als der „ewige Sieger“!

Der Inspektor, der aus der Bibel kam

Der Inspektor, der aus der Bibel kam, heißt meine Geschichte. Vielleicht kennen Sie diese Geschichte schon, weil Sie sie im Fernsehen gesehen haben. Ein Krimi, die Kontrahenten: ein international anerkannter Zauberer, was heißt Zauberer, ein Meister der Magie, und ein Inspektor der Kriminalpolizei. Der Magier nützt seine zweifellos außerordentlichen Fähigkeiten dazu, um einen Mann, der ihn erpressen will, zu ermorden. Während alle glauben, er würde sich in einer verschlossenen Kiste in einem Wasserbehälter befinden, hat er diese Kiste längst gekonnt verlassen und den Mord begangen. Doch dann taucht er plangemäß wieder auf der Bühne auf. Hokuspokus, eins, zwei, drei. Und dieses kunstvoll aufgebaute Alibi des Magiers soll ein armseliger Inspektor erschüttern. Wenn man nicht wüsste, dass der Inspektor Columbo heißt, so könnte man den Hochmut des Magiers verstehen.

Größer könnte ja der Kontrast zwischen zwei Männern gar nicht sein. Der Magier groß, blond, ein fein geschnittenes Gesicht, elegant gekleidet, erfolgreich in seinem Beruf und bei den Frauen. Und Columbo? Klein, dunkel, ein Allerweltsgesicht und noch dazu mit einem Auge schielend, seine Kleidung zerknautscht, als würde er sie Tag und Nacht tragen, dazu ein grauenvoller Regenmantel, linkisch und hilflos in praktischen Dingen. Doch dieser scheinbare Antiheld ist zuletzt der strahlende Sieger. Er legt sie sozusagen letztlich aufs Kreuz, die Löwen des Geschäfts, der Wissenschaft, des Showbetriebs und der Salons. Er, der kleine räudige Kater. Wer zuletzt lacht, lacht am besten. Das hat seinerzeit auch schon der große Goliath zur Kenntnis nehmen müssen, nachdem ihn das Hirtenbürschlein David besiegt hatte. Und mit David und Columbo freuen sich zu Recht alle die, die ein Leben lang eingeschüchtert werden durch die Schönlinge, die Geschäftemacher, die Bücherschreiber. Es könnte sich ja eines Tages herausstellen, dass alles anders ist. Ja, die Welt könnte gleichsam auf den Kopf gestellt werden. „Die Ersten werden die Letzen sein und die Letzten die Ersten", so hat übrigens Jesus einmal gesagt. Und darum ist Columbo eben der Inspektor, der aus der Bibel kam. Das macht ihn ja so sympathisch.

Machen Sie schon „praying“?

Was, Sie wissen nicht, was „praying“ ist? Praying ist der neueste Hit, praying ist Spitze, praying ist „in“. Und trotzdem nicht exklusiv, jeder kann mitmachen. Und was das Tollste dabei ist, praying kostet fast gar nichts. Für das tägliche praying braucht man weder eine besondere Ausrüstung noch irgendwelche einschlägigen Geräte.

Glauben Sie jetzt ja nicht, Sie könnten den internationalen Erfolg von praying damit erklären, dass Sie wissen, was praying auf Deutsch heißt. Zugegeben “praying“ heißt „beten“, aber was sagt das schon. Oder wollen Sie ernsthaft behaupten, praying sei nichts anderes als Beten? Das wär' ja gerade so, als würden Sie behaupten, „jogging“ sei nichts anderes als „Herumrennen“. Na also! Immer noch nicht zufrieden?

Also schauen Sie. „Beten“, das ist etwas, das Dilettanten gelegentlich tun, wobei sie oft jahrelang auf eine solche Gelegenheit warten. Aber praying: Das muss man regelmäßig tun oder gar nicht. Natürlich ist das am Anfang etwas anstrengend, aber es ist schließlich noch kein prayer vom Himmel gefallen. Am besten fangen Sie damit so an, dass Sie es einmal am Tag tun, zum Beispiel in der Frühe vor dem Aufstehen. Nach einigen Wochen können Sie dann dazu übergehen, es am Abend zu wiederholen. Ein gut trainierter prayer wird natürlich keine Gelegenheit zum praying versäumen, zum Beispiel vor und nach den Mahlzeiten usw. Jeder erfahrene prayer wird allmählich seine eigene Methode entwickeln, aber Anfänger tun gut daran, sich zur Einübung in die Grundbegriffe ein „prayer-book“ zu kaufen. Praying kann sowohl einzeln wie in Gruppen betrieben werden. Sie werden sicher Gleichgesinnte finden. Der Vorteil ist, dass praying fast an jedem Ort gemacht werden kann, trotzdem haben sich eigene Lokale – sogenannte „churches“ – recht gut bewährt. Ja und was die Auswirkungen des praying betrifft, so stellt sich der Erfolg relativ rasch ein – aber wie gesagt nur bei regelmäßigem Training. Der prayer erlebt eine Form der Ausgeglichenheit und Lebensbejahung, um die ihn jeder medikamentensüchtige Nicht-prayer nur beneiden kann. Also, wann fangen Sie an? Praying ist „in“, praying ist Spitze.

Wer liebt, ist nicht zum Untertan geeignet

Liebe ist eine Art Elementarereignis. In der Liebe brechen die schöpferischen Urgewalten hervor. Liebe erfasst ein Menschenkind mit Haut und Haaren, am ganzen Leib und in der Seele, in allen Gedanken, Worten und Werken, bei Tag und Nacht. Wer liebt, erkennt mit Freude und Erschrecken, wie sich der Himmel öffnet und sich die Abgründe des Daseins auftun. Wer liebt, spürt bis in die Haarspitzen hinein, dass er lebt. Wer liebt, verliert jede Angst und kostet ein unendliches Freiheitsgefühl, das allen Anschlägen erfolgreich trotzt. Die Bibel drückt es schwärmerisch-realistisch so aus: „Gott ist Liebe und wer in der Liebe lebt, der lebt in Gott und Gott lebt in ihm.“ Liebe ist immer religiös!

Liebe ist ein Elementarereignis. Und deshalb haben auch alle Autoritäten irgendwie Angst vor ihr. Wer immer den Menschen beherrschen, ihm seine Freiheit nehmen möchte, sieht sozusagen in der Liebe seinen natürlichen Gegner. Wer liebt, ist nicht zum Untertan geeignet. Das erklärt den Hang aller Diktaturen zur Prüderie. Denn wer sich in der Liebe grenzenlos und schöpferisch erlebt, könnte nur zu bald die Ketten der Unterdrückung abschütteln. Liebe ist immer politisch. Liebe ist ein Elementarereignis. Und deshalb haben fast alle Institutionen Angst vor ihr. Wer immer den Menschen manipulieren und reglementieren will, sieht sozusagen in der Liebe einen Störfaktor.

Wer liebt, bringt nach der Erfahrung der Organisatoren den Betrieb durcheinander. Und darum ist sie verpönt – die Liebe: in der Schule und beim Militär, im Krankenhaus und im Altersheim, in der Fabrik und beim Leistungssport, im Gefängnis, ja sogar in der Kirche. Liebe ist immer persönlich.

Liebe ist ein Elementarereignis. Und deshalb haben alle Angst vor ihr, die wollen, dass die Welt so bleibt, wie sie ist. Wer immer vom Status quo profitiert, sieht in ihr eine zersetzende Utopie. Denn wer liebt, will keine Feinde haben, kann nicht ertragen, dass Menschen gedemütigt und verachtet werden. Liebe ist immer utopisch.

Vielleicht wird sie eines Tages sogar in den Verfassungen, den Statuten und den Glaubensbekenntnissen vorkommen.

Sündenbock und Opferlamm

Mit dem Sündenbock ist der Menschheit etwas Großartiges eingefallen. Man kann Gemeinheit und Verbrechen, Schuld und Sünde transferieren, also einem anderen aufhalsen. Der Mensch als Schuldbeladener gefällt sich nämlich nicht. Das kränkt seine Eitelkeit. Eine weiße Weste kleidet ihn besonders gut. So schminkt er sich als guten, moralischen, anständigen, vielleicht sogar religiösen Menschen.

Die Beladung des Sündenbocks mit den eigenen Sünden geschieht natürlich frei von so altmodischen Gefühlen wie Scham und Betroffenheit, Reue und Zerknirschung. Und so rührende Katechismusideale wie das Bedürfnis nach Wiedergutmachung oder Sinnesänderung stellen sich schon gar nicht ein. Schließlich trägt ja der Sündenbock die Sünden auf jeden Fall fort. Wichtig ist nur, für den Nachschub an Sündenböcken zu sorgen – am besten mit einer eigenen Sündenbockzucht. Man muss natürlich wissen, wie so ein schmackhafter

Sündenbock aussieht. Der Supersündenbock ist jemand, der gar nichts mit den infrage kommenden Sünden zu tun hat, ein Unbeteiligter, Unschuldiger, am besten auch noch ein Wehrloser – also ein Ausländer.

Nur sollten die einheimischen Sündenbockkonsumenten ehrlicherweise auch das biblische Ritual praktizieren. Also kniet ein Ausländer auf einem öffentlichen Platz nieder und nacheinander treten Leute vor ihn hin, legen ihm die Hände auf den Kopf und sagen: „Du bist Schuld, dass ich keinen Arbeitsplatz finde. Du bist Schuld, dass ich nicht in Frühpension gehen kann. Du bist Schuld, dass meine Frau davongelaufen ist. Du bist Schuld, dass ich keinen Sechser im Lotto gewinne. Du bist Schuld, dass unsere Skispringer nicht gewinnen." Je absurder, desto besser.

Und Privatsender könnten zum Abschluss der Zeremonie ein „Sündenbockballett" als Zirkusnummer inszenieren. Wenn sich jetzt noch herausstellen sollte, dass der Sündenbock eh ein Opferlamm ist, das sich freiwillig zur Verfügung gestellt hat, dann stünde einem besinnlichen Karfreitag nichts mehr im Weg.

Es lebe der christliche Schnupfen

Der Schnupfen bringt es an den Tag. Oder noch sprichwörtlicher formuliert: Sage mir, wie du Schnupfen hast, und ich sage dir, wer du bist! Schnupfen – oder wie sich der Mensch verändern kann.

Die Nase rinnt und rinnt – wo nur die viele Flüssigkeit herkommt? Die Augen sind gerötet und verschwollen, die Ohren verstopft, der Hals brennt wie Feuer, dazu ein scheußlicher Reizhusten. Man ist schon ganz erschöpft vom Niesen. Wer hätte gedacht, dass einem vor einem selber grauen kann.

Was tun gegen diese heimtückische Krankheit, die angeblich mit Behandlung 14 Tage und ohne Behandlung zwei Wochen dauert? Fromme Leute schauen in die Bibel, aber da steht leider nichts. Über den Schnupfen schweigt die Bibel. Das müssen glückliche Menschen gewesen sein, diese Propheten und Apostel, diese Prophetinnen und Apostelinnen: ein Leben ohne Schnupfen.

Viele Männer sind schwer krank, wenn sie Schnupfen haben. Bewegungslos liegen sie auf ihrem Bett, wenn sie nicht gerade der Frost schüttelt. Nur leise und behutsam darf man das Zimmer der Hinfälligen betreten – ergebenst ihnen frische Papiertaschentücher reichen. Blöde Bemerkungen über die Gefährlichkeit ihrer Erkrankung lässt sie in Klagelieder ausbrechen, formulieren sie doch in ihrer Fantasie bereits ihr Testament.

Doch nicht so die pflichtbewussten Menschen. Die hält kein Schnupfen in der Wohnung zurück. Dieser Charakter kapituliert nicht vor heftigem Niesen. Und ihr Schnupfen ist keineswegs ihr Privateigentum – den soll jeder haben!

Und so wird fröhlich angesteckt. Kein verschnupfter Erfolgsmensch ohne eine Garde von unzähligen Bazillen. Und erst die fleißigen Mütter: Du gehst mir auf jeden Fall in die Schule oder willst du die Schularbeit versäumen? Und darum, liebe verschnupfte Landsleute: „Gebt endlich Ruhe, kuriert euch aus!" Man versäumt nämlich gar nichts.

Ein Loblied auf den Schnupfen: sich endlich ausschlafen, ein Buch lesen – einen Schnupfen muss man genießen und sich vertrauensvoll genüsslich ausmalen, wie erstaunlich ersetzbar man eigentlich ist.

Es lebe der Schnupfen – denn von Zeit zu Zeit muss die Seele den Vorhang zuziehen, damit unsereins zu sich kommen kann. Eigentlich recht christlich, dieser Schnupfen.

Weihrauch

Jeder Tag hat seinen eigenen Geruch. Und der Sonntag riecht nach Weihrauch. Wenn die Harzkügelchen verbrannt werden, dann zieht ein Hauch von Heiligkeit durch den Raum, mehr noch, der Weihrauch macht den

Menschen göttlich. Das haben schon die alten Ägypter gewusst. Ohne Weihrauch wäre aus keiner Mumie ein Gott geworden. „Hier kommt dein Duft, Ramses, in Gestalt des Weihrauchs. Hier kommt euer Duft zu Ramses, ihr Götter. Ihr duftet nach Weihrauch" – so haben die Hinterbliebenen gebetet.

Der Sonntag riecht nach Weihrauch. Im katholischen Gottesdienst wird alles Heilige beräuchert: die Altäre und Heiligenbilder, das Kreuz und das Evangelienbuch, der Kelch und der Wein, die Hostien, die Priester, ja sogar die Kirchenbesucher. Und in den orthodoxen Kirchen wird noch ein bisschen mehr geräuchert. Und wer in der Kirche war, wer am Gottesdienst teilgenommen hat, wer also in den heiligen Räumen war, der nimmt seinen Weihrauchduft mit.

Und gerade weil ich ein evangelischer Pfarrer bin, beneide ich die Katholiken und die Orthodoxen darum, dass sie so heilig riechen, wenn sie aus ihrer Kirche kommen. Wer in einer evangelischen Kirche war, riecht höchstens nach sich selber. Die Protestanten wittern eben hinter jeden heiligen Duft das alte Heidentum und seinen Götzendienst. Eigentlich schade, dass der Weihrauch hier Hausverbot hat. Protestanten sind ohne Nase fromm.

Der Sonntag riecht nach Weihrauch. Denn viele von denen, die in keiner Kirche waren, haben sich von ihren Bewunderern Weihrauch streuen lassen. Oder sie haben sich der Einfachheit halber gleich selbst beweihräuchert.

Wie ist es möglich, dass aus verschreckten Aposteln, die sich nur mehr heimlich hinter verschlossenen Türen getroffen haben, auf einmal mutige Missionsprediger geworden sind? Darauf gibt die biblische Pfingstgeschichte Antwort: Gottes Heiliger Geist ist in diese Männer gefahren und hat sie total verwandelt. Die Begleitumstände dieser pfingstlichen Verwandlung waren zweifellos ekstatisch. Nach dem Bericht der Apostelgeschichte haben die Jünger Jesu auf ihre Zuhörer gewirkt, als wären sie beschwipst.

Pfingsten will also daran erinnern, dass christlicher Glaube mit Begeisterung zu tun hat, ja, dass seine Wurzeln und damit die Wurzeln der Kirche auch ekstatischer Art sind.

Viele Kirchenkritiker, auch die Reformatoren, haben immer wieder beklagt, dass der Kirche gerade das irgendwie abhanden gekommen ist: Ekstase und Begeisterung. Nur, so richtig diese Diagnose auch sein mag, sie hat auch viel Unheil gestiftet. Denn Christenmenschen, die ein großes Bedürfnis nach Begeisterung, nach dem Unberechenbaren, Spontanen und Provokativem haben, sind nur zu leicht geneigt, jede fromme Verrücktheit für ein Geschenk des Heiligen Geistes zu halten. Ja, je verrückter, überspannter und geschmackloser – umso besser. Die Pfingstjünger hat man für betrunken gehalten? Da wollen die selbst ernannten „Pfingstler" unter den heutigen Christen natürlich nicht zurückstehen. Auch sie lechzen quasi nach dem Prädikat „frommer Trunkenheit". So als ob jeder Rausch ein göttliches Berufungserlebnis wäre, wird ungeniert so mancher „unheilige Fusel" aus der nächstgelegenen Sektiererstube angeboten. „Veni creator spiritus", „Komm Schöpfer Geist", kann man – scheint's – auch „auf Teufel komm raus" singen.

Aber immerhin: Brünstige Fundamentalisten, kurpfuschende Krankenheiler und seltsam lallende Buchstabengläubige berufen sich ganz ungeniert auf die Bibel und spielen mit Erfolg das „schlechte Gewissen" ihrer Kirche.

Da tut es gut, sich daran zu erinnern, dass gerade die faszinierenden Christen in allen Kirchen immer schon gewusst haben, dass der „Heilige Geist" nicht in einer dunklen Sumpflandschaft voller giftiger Dämpfe haust, sondern im strahlenden Sonnenlicht göttlicher Erleuchtung.

Calvin hat einmal gesagt, dass die Vernunft eine der schönsten Gaben des Heiligen Geistes sei! Ja, dass dieses göttliche Geschenk des Heiligen Geistes die Welt so verändern kann, dass sie nach dem Reich Gottes schmeckt. Nicht liturgische Beschwörung hat Christus gelehrt, sondern die couragierte Veränderung der Welt. Nicht die Technik des religiösen Lallens hat Christus gelehrt, sondern die verständliche Predigt, die der Welt einen Weg zu „Friede, Gerechtigkeit und Bewahrung der Schöpfung" zeigt. Kein Opium für das gläubige Volk hat Christus gelehrt, sondern die Schaffung göttlicher und damit menschlicherer Gesetze, Strukturen und Lebensinhalte. Christen sollten den heiligen Rausch vom unheiligen unterscheiden können.

Der amerikanische Glaube 1: Gottes eigenes Land

Einige Jahre bevor Kolumbus – ohne es zu wissen – Amerika entdeckt hat, hat in Wien der Meister vom Schottenstift sein Bild „Die Flucht nach Ägypten" gemalt. Es zeigt die heilige Familie vor dem Hintergrund des mittelalterlichen Wien. Sicher ist es ein Zufall, dass gerade diese „Flucht nach Ägypten" eines der prominentesten Bilder dieser Zeit ist. Und doch weist es irgendwie darauf hin, dass zur gleichen Zeit ein neuer Kontinent entdeckt worden ist, der sehr bald zum Zufluchtsort vieler Europäer werden sollte.

Die meisten waren wohl Abenteurer im besten Sinn dieses Wortes. Die Reise in die „neue Welt" sollte ihnen ein neues Leben ermöglichen, und zwar nach Gedanken und Grundsätzen, die sie in Europa noch ins Gefängnis gebracht haben. Vieles, was in Europa nur unter Lebensgefahr erdacht und erträumt worden ist, konnte jetzt praktisch erprobt werden – wie Freiheit, Demokratie und Menschenrechte. So wurde Amerika zum Kontinent voller Chancen für jedermann, zum Land der „unbegrenzten Möglichkeiten".

Was Gott zu Abraham gesagt hat, nämlich: „Zieh weg aus deinem Vaterland in das Land, das ich dir zeigen werde!", haben nun viele Europäer auf sich bezogen und ihr verheißenes Land war Amerika, „Gods own country", „Gottes eigenes Land".

So ist der „amerikanische“ Glaube entstanden, die feste Überzeugung, dass Gott die Amerikaner zu einer besonderen Aufgabe erwählt hat – wie den biblischen Abraham: „Ich will dich zu einem großen Volk machen. Segnen will ich, die dich segnen; und wer dir flucht, den will ich verfluchen. Dein Name wird ein Segen sein für alle Völker der Erde.“

Der amerikanische Glaube 2: Der reiche Onkel aus Amerika

Der „amerikanische“ Glaube hat natürlich auch seine Heiligen. Eine der bekanntesten traditionellen Heiligengestalten ist der „Tellerwäscher, der es zum Millionär gebracht hat“ – und zwar durch Leistung, Arbeitsdisziplin, Sparsamkeit und harte Arbeit. Die religiöse Aura so eines „Selfmade-Millionärs“ ist fast so stark wie die eines Helden der Pionierzeit. Die Romanliteratur und die Filmgeschichte ist reich an Helden, die Europa als armer Junge verlassen haben, und eines Tages als „reicher Onkel aus Amerika“ wiedergekommen sind – amerikanische Heiligenlegenden! Aber der zum Millionär gewordene Extellerwäscher ist, wenn man genauer hinsieht, ein populärer Repräsentant des calvinistischen Erwählungsglaubens. Amerikas Puritaner waren eben überzeugt davon, dass Erfolg im Beruf, in der Wirtschaft, wenn er noch dazu mit fast asketischer Sparsamkeit erreicht worden ist, als Zeichen für die Liebe und das Wohlwollen Gottes gedeutet werden kann. Es ist kein Zufall, dass auf den Dollarnoten steht: „In god we trust", auf Gott vertrauen wir.

Nicht zuletzt diese Art Frömmigkeit hat Amerika wahrscheinlich zur Weltmacht gemacht. Aber diese Frömmigkeit hat auch ihre Tücken: Sie führt dazu, dass der Erfolgreiche als Gottbegnadeter gilt, der Erfolglose und deshalb Arme aber allzu leicht als unmoralisch und gottlos angesehen wird. Ein Jesuswort wie „Denn wer hat, dem wird gegeben, dass er die Fülle habe; wer aber nicht hat, von dem wird auch das genommen, was er hat" wird makabererweise gern von der Erfolgsgeneration zitiert. Also von Leuten, die bei „Haben" nur an materielle Güter denken können.

Das erklärt auch, warum Misserfolge in Wirtschaft und Politik für die Amerikaner für gewöhnlich auch eine religiöse Katastrophe heraufbeschwören und eine Sinnkrise auslösen. Nur wer ihre Religion kennt, lernt die Amerikaner zu verstehen.

Der amerikanische Glaube 3: Die Mickymausianer

Der „amerikanische“ Glaube hat natürlich auch seine Dogmen. Eines dieser Dogmen ist die Überzeugung, dass eigentlich alles machbar ist. Dieser Zwangsoptimismus – bekannt aus amerikanischen Familienserien im Fernsehen – hat zwar vom Schicksalsglauben befreit, aber auch recht kuriose Blüten hervorgebracht: nämlich die „Disneyland-Sekte“. Längere Zeit auf Kalifornien und Florida beschränkt, entfalten die „Mickymausianer“ jetzt einen beachtlichen Missionsfeldzug. Nicht ganz zufällig ist Eurodisney bei Paris an einem Palmsonntag eröffnet worden: „Gelobt sei, wer da kommt im Namen des Herrn.“ Schluss mit der Frustration der menschlichen Fantasie, die dem Paradies entweder nachtrauert oder sich in bloßer Hoffnung zermürbt. Das Unvorstellbare – „Hier wird’s Ereignis“: Vater Faust, schau aba! Eine Welt aus Plastik und Computern, alles garantiert unecht, aber natürlich viel schöner als das Original. Der geistige Schöpfer dieser schönen neuen Welt, Walt Disney, wartet derzeit tiefgefroren auf seine Auferstehung. Er ist zwar noch beim lieben Gott in die Schule gegangen, aber seine Welt ist nicht nur herziger. In Walt Disneys Welt funktioniert – zum Unterschied von der Welt, die Gott geschaffen hat – einfach alles. Es gibt kein Leid mehr und keine Tränen und keine Probleme, ein ewig grinsendes Personal, das so verdächtig an die religiösen Bräuche des

American bible-belt, also des „amerikanischen Pietistenparadieses“ erinnert, sorgt dafür, dass niemand hinter die Kulissen schaut.

Proben hier vielleicht die Architekten für die Zeit nach der globalen Umweltkatastrophe?

Der amerikanische Glaube 4: Die Indianer und der 30-jährige Krieg

Der „amerikanische“ Glaube hat eine fürchterliche Entstehungsgeschichte. Diese Mischung von Mission und Massenvernichtung eines Großteils der Ureinwohner geht allerdings zulasten des „Christlichen Abendlandes.“

Der französische Schriftsteller Albert Camus berichtet über eine teuflische Szene im Zuge der Eroberung Mexikos im 16. Jahrhundert: Spanische Soldaten haben gefangene Indianer auf einen steilen Berg oberhalb eines Wasserfalls getrieben, um sie von dort in die tödliche Tiefe zu stürzen. Auf halber Höhe, da wo die fallenden Leiber in den Wasserfall eintauchten, wurden sie von einem dort wartenden Priester „getauft“. Diese Tat hat das Gewissen der Akteure nicht im Geringsten belastet, denn: die Indianer würden ja „gewisslich“ in den Himmel kommen, da sie zwischen Taufe und Tod keine Sünde mehr begehen könnten.

Man schaudert über diese von Priestern begangene Gotteslästerung, man schaudert, wie frech Religion als Hure der Macht missbraucht werden kann.

Wenn Europäer solche Berichte lesen, fallen sie leicht ihrer Selbstgerechtigkeit zum Opfer und vergessen nur zu gern, dass christlicher Glaube im 30-jährigen Krieg beinahe in einem Meer von Blut und Tränen ersoffen wäre. Sicher sollte man nicht so vordergründig naiv über die Christianisierung Amerikas reden wie der gegenwärtige Papst. Aber man sollte auch nicht vergessen, dass Papst Paul III. in einer Bulle ausdrücklich gelehrt hat, dass die Indios vollwertige Menschen seien, die nicht beraubt oder versklavt werden dürfen. Dank einem Papst, der die „christlichen“ Eroberer, die die Indios „grausamer als das Vieh“ behandelten, offiziell als „Spießgesellen des Satans“ bezeichnet hat.

Der amerikanische Glaube 5: Der edle Calvinist zu Pferd

Der „amerikanische“ Glaube hat sich im Wildwestfilm eine eigene religiöse Filmgattung geschaffen. Da sind der edle „Calvinist zu Pferd“, der gut alttestamentlich Jeremia heißt, und seine mutige Pioniersgattin Hanna oder Ruth. Ständig unterwegs ins gelobte Land, vergisst man trotzdem nicht den sonntäglichen Kirchgang, Taufe und Trauung – und für eins der zahlreichen kirchlichen Begräbnisse hat sich immer noch eine Schießpause einrichten lassen. Der Pfarrer spielt selten eine besondere Rolle, denn Calvins amerikanische Nachfahren sind eine Kirche der religiös gleichberechtigten Laien.

Doch die Alltagsreligion des „Wilden Westens“ wird von der Figur eines großen Einzelgängers überschattet. Einmal ist er Sheriff oder Marshall, dann wieder Farmer oder ein ehemaliger – sozusagen „bekehrter“ – Revolverheld. Und er steht allein gegen alle. Die braven Bürger halten sich vorsichtigerweise aus allem heraus und lassen ihn meist gerade im entscheidenden Augenblick allein. Doch er riskiert sein Leben wie Gary Cooper in „High noon“, er verkörpert schließlich das Gesetz. Nichts kann den einsamen Helden von seiner Mission abbringen, er ist unbestechlich.

Ein Mann, der wohl kaum zur Nachahmung reizt, aber doch fasziniert. Und der im Grunde genommen eine Figur aus dem alten Testament ist – zum Verwechseln ähnlich den großen Prophetengestalten: von einer großen Aufgabe getrieben, aber letztlich einsam. So ist es eigentlich kein allzu großes Wunder, wenn der Marshall Jeremia so verblüffend an den Propheten Jeremia erinnert.
Amen – oder wie es im „Wilden Westen“ heißt: Hugh!

Der amerikanische Glaube 6: Die Bibel und der Ku-Klux-Klan

Der „amerikanische" Glaube hat sich natürlich genauso seine frommen Sagen und Legenden geschaffen wie „good old Europe".

Eine dieser parabiblischen Geschichte heißt: „Wie der Teufel den Neger erschuf": „Als Gott den Adam erschaffen hatte, wollte der Teufel auch einen Menschen machen. Er nahm also die nötige Menge Tonerde, wie er es beim lieben Gott gesehen hatte, und es gelang ihm auch ganz gut. Aber alles, was der Teufel berührte, wurde sofort schwarz und so hatte natürlich auch der von ihm geschaffene Mensch diese Farbe. Da wollte der Teufel seinen Menschen waschen, aber die Wasser des Flusses wichen erschrocken vor ihm zurück. Wütend gab er seinem Geschöpf einen Faustschlag auf die Nase, die dadurch platt wurde. Da flehte der unglückliche Mensch um Gnade. Und der Teufel hatte Mitleid mit ihm und strich ihm mit einer Art höllischer Zärtlichkeit über die Haare. Da aber seine Hand sehr heiß war, wirkte sie wie eine Brennschere." Und die Geschichte schließt: „Darum sind die Neger schwarz, haben eine platt gedrückte Nase und gekräuseltes Haar."

Was solche Legenden angerichtet haben, was sie in poetisch-verbrecherischer Weise gerechtfertigt haben, ist sattsam bekannt. Rassenhass als gottgefällige Teufelsverachtung getarnt oder die modernere Version: eine bewusst falsch ausgelegte Bibel als Maskottchen des Ku-Klux-Klans! Und doch besteht kein Grund für die Selbstgerechtigkeit der Nicht-Amerikaner. Denn die Ökumene der Rassenhasser funktioniert beneidenswert gut. Was kümmert es sie schon, dass Gott gesagt hat: „Wie einen Einheimischen aus eurer Mitte sollt ihr den Fremden behandeln, der bei euch wohnt, und du sollst ihn lieben wie dich selbst.“ (3. Mose 19,34)

In den April schicken

Es ist schon eine Besonderheit, wenn der 1. April auf einen Sonntag fällt. Denn damit bekommt der ehrwürdige Sonntag sozusagen einen Zug ins Verrückte und Absurde. Sicher wird kein Gottesdienstbesucher annehmen, dass ihn der Prediger vielleicht in den April schikken könnte. Aber doch – an diesem Tag hat man für gewöhnlich ein schärferes Ohr für das Närrische, das Unmögliche. Schließlich suchen die Leute an diesem Tag ja auch in den Tageszeitungen die traditionelle Zeitungsente~ und merken auf einmal mit Erstaunen, dass oft die halbe Zeitung voll ist mit höchst unwahrscheinlichen Nachrichten und Berichten.

Aber in der Bibel gibt es natürlich keine Aprilgeschichte – oder doch? Ich meine eine richtige „Aprilgeschichte“ – ich denke also jetzt nicht an die Leute, denen die ganze Bibel von der Schöpfung bis zur Auferstehung höchst „aprilig“ vorkommt! Die Theologen jedenfalls, die für jeden Sonntag des Kirchenjahres einen Bibeltext aussuchen, haben tatsächlich in der Bibel eine Art „Aprilgeschichte“ gefunden, nämlich im 1. Buch Mose im 22. Kapitel.

Da wird erzählt, wie Gott zu Abraham sagt: „Nimm deinen einzigen Sohn, den du lieb hast, den Isaak, und geh hin ins Land Morija und opfere ihn auf einem Berg als Brandopfer.“ Diese eher grausame Geschichte haben Sie sicher schon als Kind im Religionsunterricht gehört. Und Abraham hat diesen Auftrag ernst genommen und alles vorbereitet, um seinen Sohn zu opfern. Die Bibel lässt es übrigens offen, ob er seinen Sohn wirklich umgebracht hätte oder, ob er zwar alles vorbereitet hat, aber in der Hoffnung, Gott würde es sich vielleicht doch noch im letzten Augenblick anders überlegen.

Und so ist es dann auch, Gott sei dank, gekommen. Wirklich im letzten Augenblick befiehlt ihm ein Engel, seinen Sohn Isaak zu verschonen, und gibt ihm stattdessen einen Widder als Opfertier.

Ende gut, alles gut. Dieser fürchterliche Auftrag Gottes war gar nicht ernst gemeint! Hat Gott den Abraham nur in den April geschickt, um ihn auf die Probe zu stellen? Ich gebe zu, dass man dieser alten biblischen Geschichte etwas Gewalt antut, wenn man so frech fragt. Trotzdem muss diese Frage gestellt werden, und zwar nicht an Gott, sondern an die Leute, die den Anspruch erheben, seinen Willen zu verkünden. Denn erstaunlich oft haben im Laufe der Geschichte gerade die Frömmsten und Anständigsten von den Leuten im Namen Gottes sehr unmenschliche Taten verlangt. Das war ein höchst grausames „In-den-April-Schicken".

So hat der 1. April seine eigene frohe Botschaft: Liebe Leute, traut nicht alles Gott zu, was so manche Zeitgenossen als seinen Willen ausgeben oder in seinem Namen tun!

Was Luther den Katholiken heute zu sagen hat

Mein lieber Bruder Peter, das hätte ich mir auch nicht träumen lassen, dass ich ein halbes Jahrtausend nach meiner Geburt einem solchen Sündenbraten, ja Calvinistenknecht und Zwinglikumpan wie dir schreiben würde. Aber da du dich nicht geniert hast, mich in meiner wohlverdienten himmlischen Ruhe zu stören, so soll dir auch eine kräftige Ermahnung zuteil werden. Du schreibst mir, eine katholische Zeitung wolle von dir wissen, was ich den Katholiken heute zu sagen hätte. Ausgerechnet von dir wollen sie das erfahren, so als lebten in eurem Land nicht Hunderte meiner rechtgläubigen Schüler.

Nun, sei's drum, du sollst deinen Luther haben, aber er wird dir nicht schmecken. Wenn ich mir eure Welt so betrachte, dann komme ich aus dem Staunen kaum heraus. 500 Jahre sind seit meiner Zeit vergangen und sie steht noch immer, dieses Jammertal, dieses Sündenbabel, dieses Heim voller stinkender Madensäcke. Und ich habe fest geglaubt, unser Herr Christus würde noch zu meinen Lebzeiten die Posaunen zum Gericht blasen lassen. Aber unser Herr in seiner Langmut hat seinen Kindern noch Zeit zur Buße und Umkehr gegeben. Aber ich sehe nicht, dass ihr bereit seid, Gott für seine große Güte zu danken. Kriege, Hungersnöte und große Pestilenz in euren Flüssen und Wäldern, einer beutet den anderen aus und will ihn in Furcht und Schrecken halten. So tut doch um Gottes willen etwas Tapferes, würde mein alter Turniergegner, Huldrych Zwingli, sagen! Wo bleiben denn die Früchte eures Glaubens, eurer Liebe, wo bleibt denn eure Dankbarkeit für die Wohltaten, die euch Gott in unserem Heiland Jesus Christus erwiesen hat? Und ihr lebt dahin, als wär' das Evangelium ein Märchen, so als hätte euch der vermaledeite Satanas angefurzt und nicht Gott euch mit seinem Tröster, dem Heiligen Geist, angeblasen. Das will, nein, das muss ich euch allen sagen, in Gottes Namen.

Aber du willst, dass ich nur den Katholiken etwas sagen soll. Und etwas Versöhnliches natürlich, damit sie ihre Freude an dir haben – und ich mich im Grab umdrehen muss. Aber ihr habt da jetzt eben so eine Mode, „ökumenisch" zu sein, und ich soll dabei mitspielen.

Aber was ich heute sagen würde, davor kann ich dich nur warnen, denn damit wirst du nur Schwierigkeiten bekommen. Ich gebe gerne zu, ich wäre ein unseliger Lügner, wenn ich behaupten würde, dass sich nicht vieles zum Besseren gewendet hat. Aber da gibt es noch immer den Ablass, so als hätte ich meine Thesen nie geschrieben; und einen Kodex voller Sätze, der den Gotteskindern die Freiheit rauben will, die ihnen Christus geschenkt hat; und einen Marienkult, der den Ruhm Christi zu verdunkeln droht; und einen Papst, der zwar kein irdisches Recht mehr besitzt, aber dessen Macht trotzdem größer geworden ist als zu meiner Zeit, da er ein Herrscher sein will über den Glauben an Christi Statt; und mein Traum, dass alle Christen Priester sein sollen, ist bis heute ein Traum geblieben – auch bei euch, meinen jubilierenden Nachfahren. Und aus der Heiligen Schrift sucht ihr euch auch noch immer das heraus, was euch in den Kram passt.

Du siehst schon, mein seltsamer Glaubensbruder, ich kann dir nicht helfen. Denn alles, was ich dir raten kann, das darfst du deinen katholischen Brüdern und Schwestern nicht weitersagen, weil du sie sonst kränken oder entmutigen würdest. Und so kann ich dir nur eines empfehlen:

Schau in Gottes Namen lieber nicht auf den Splitter im Auge der anderen, sondern auf den Balken im eigenen Auge. Und kehr um und geh in dich, und bring Früchte der Buße ein Leben lang und folge unserm Herrn und Meister Jesus Christus nach, der auch für einen Sündenknecht wie dich gekreuzigt wurde und auferstanden ist, um dir aus lauter Güte und ohne dein Verdienst das Heil zu erwerben. Amen.

„Zerbrich ihnen die Zähne im Maul. Zeig ihnen den Herrn. Wie Wachs in der Hitze sollen sie vergehen. Lass sie an ihrem eigenen Stolz sterben. Vertilge sie, ihre Häuser sollen einstürzen. Ich will Rache."

Man wird es kaum für möglich halten, dass solche Sätze als Gebet in der Bibel stehen. Aber man spürt: Hinter diesen Sätzen steht ein heiliger Zorn. Und er ist auch deshalb heilig, weil es ihm nicht nur um sich selbst geht, sondern weil man in diesen heiligen Zorn einstimmen kann. In diesem Aufschrei nach Rache steckt eine Art urmenschliche Inbrunst. Sie hat eigentlich gar nichts mit dem Christentum allein zu tun, sondern sie ist etwas tief Menschliches: fluchen und schimpfen und schreien nach Rache.

Wo ist einer, so fragen viele, bei dem ich mich ausschimpfen kann? Wo finde ich jemanden, dem ich meine ganze Wut und mein ganzes Gift, all das Entsetzliche, das man Menschen oft so an den Hals wünscht, einmal deponieren kann?

Es mag schön sein, wenn man alles bei sich behält und meint: Ich will doch niemanden verletzen. Aber im Unterbewusstsein rumort es; und wer ein Ohr dafür hat, merkt, wie hier eine kleine Bosheit, dort eine kleine Niedertracht herausschaut. Wäre hier nicht ein unglaublicher religiöser Entschlackungsprozess nötig? Unser Land ist ja voll von ohnmächtigen Flüchen. Von den

Kindern bis zu den zierlichen alten Damen – ihr Verwünschungspotenzial ist eindrucksvoll: „Überfressen soll er sich! Nichts gelingen soll ihm! Blind soll er werden! Rache ist süß!"

Das muss heraus aus der Seele. Darum schimpfe und fluche man sich nur richtig aus. Noch besser – man schlage dann die Bibel auf und bete voller Wut zum Beispiel Psalm 58. Und man wird vielleicht mit großer Verblüffung feststellen, dass uns Gott sogar dann Worte anbietet, wenn unsereins verzweifelt, traurig ist oder vor ohnmächtiger Wut schier zerplatzen will.

Nachwort

„Religiöse“ Texte stoßen bei den Leserinnen und Lesern auf eine bestimmte Erwartungshaltung. Im positiven Fall rechnet man mit Besinnlichkeit, einem „spirituellem Touch“ und mit programmierter Nachdenklichkeit. Im Negativen wird Langeweile, Jammern und Lamentieren – also eine Kritik, die sich selbst zur Erfolglosigkeit bestimmt hat – und die Ideologie des Ewig-Gestrigen befürchtet. Die Beiträge dieses Buches sind satirische Glossen und Kommentare – ein Stil, der seine Wurzeln in der Bibel hat, in den oppositionell-gestaltenden Worten der alttestamentlichen Prophetie und im prophetisch-kritischen Witz Jesu Christi. Dürrenmatts Mahnung, dass unsere Zeit nicht mehr von der Tragödie bewältigt werden kann, sondern höchstens von der Komödie, weil die Tyrannen nichts so sehr fürchten wie den Spott, gilt auch und gerade für die Zeitkritik. Einige der Texte sind bereits vom Otto Müller Verlag, Salzburg, unter dem Titel „Bei wem lassen sie sündigen? Und andere religiöse Fragen“ 1997 veröffentlicht worden – ursprünglich waren sie satirische Beiträge für die katholisch-liberalen Wochenzeitungen „Präsent“, „Die Furche“, die verschiedenen Programme des Österreichischen Rundfunks

(ORF) und Teile meiner Predigten in der Reformierten Stadtkirche in Wien. Wie satirische Texte überhaupt wollen sie animieren, provozieren und so unterhalten – weil schließlich auch das moderne Leben einen Unterhalt braucht.

Peter Karner
Wien, Sommer 2002